Kurze tschechische Sprachlehre

Bohdana Lommatzsch
Hana Adam

Dr. S. Fritz Forkel
Kastanienstraße 24
D-61352 Bad Homburg
Tel. (0 61 72) 45 93 38

Volk und Wissen Verlag

Kurze tschechische Sprachlehre
von Bohdana Lommatzsch und Hana Adam

Die Autoren danken Herrn Prof. E.-G. Kirschbaum,
Herrn Prof. K. Gutschmidt und Herrn Prof. J. Dolník
für wertvolle Anregungen und Hinweise bei der Erarbeitung des Manuskripts.

Dieses Werk ist in allen seinen Teilen urheberrechtlich geschützt.
Jegliche Verwendung außerhalb der engen Grenzen des Urheberrechts bedarf
der Zustimmung des Verlages. Dies gilt insbesondere für Vervielfältigungen,
Mikroverfilmungen, Einspeicherung und Verarbeitung in elektronischen Medien
sowie Übersetzungen.

Volk und Wissen im Internet

ISBN 3-06-551103-7

1. Auflage
6 5 4 3 2 / 07 06 05 04 03
Alle Drucke dieser Auflage sind unverändert und im Unterricht parallel nutzbar.
Die letzte Zahl bedeutet das Jahr dieses Druckes.
© vwv Volk und Wissen Verlag GmbH & Co. OHG, Berlin 1996
Printed in Germany
Einband: Atelier vwv
Layout: Marion Röhr
Druck und Binden: Druckhaus „Thomas Müntzer" GmbH, Bad Langensalza

Inhaltsverzeichnis

Zur Lautlehre und Rechtschreibung

Das tschechische Lautsystem 5

Das Vokalsystem 5
Die Diphthonge 6

Das Konsonantensystem 7
Die Stimmassimilation 10

Die Lautveränderungen 12
Die Betonung 13

Die Rechtschreibung 14

Das tschechische Alphabet 14
Zur Groß- und Kleinschreibung 16

Die Verfahren zur Wortschatzerweiterung

Die Wortbildungsverfahren 17

Die Ableitung 17
Die Präfigierung 18
Die Suffigierung 22

Die Zusammensetzung 31

Die Abkürzung 32
Bildung von Mehrwortbenennungen 32
Die Entlehnungen 33
Bedeutungsübertragung 33

Formbildung

Flektierte Wortarten 34

Das Substantiv 34
Grammatische Kategorien des Substantivs 35

Die Deklination der Substantive 38
Die substantivische Deklination 40
Zusammenfassendes zur Deklination der Vor- und Familiennamen 55

Das Adjektiv 56
Zur Klassifizierung der Adjektive . 56
Die Deklination der Adjektive 57
Die Deklination langer Adjektive . 57
Die Deklination kurzer Adjektive . 58
Die Deklination der Possessivadjektive 60
Die Adjektivadverbien 61
Komparation der Ajektive und Adjektivadverbien 63
Der Komparativ der Adjektive 63
Der Komparativ der Adjektivadverbien 64
Der Superlativ 65
Die Substantivierung der Adjektive 67

Das Pronomen 68
Klassifikation der Pronomen 68
Deklination der Pronomen 68
Deklinationstyp I 69
Deklinationstyp II 69
Deklinationstyp III 69
Gebrauch der Pronomen 73
Personalpronomen 73
Reflexivpronomen 75
Demonstrativpronomen 76
Possessivpronomen 77
Interrogativpronomen 77
Relativpronomen 79
Indefinitpronomen 79
Negativpronomen 80

Die Numeralia 80
Die Klassifikation der Numeralia . 81
Deklination der bestimmten Grundzahlwörter 83
Deklination der unbestimmten Grundzahlwörter 86

Die Ordnungszahlwörter	87
Die Gattungszahlwörter	88
Die Vervielfältigungszahlwörter	89
Die Distributivzahlwörter	89
Die Bruchzahlwörter	89
Zum Gebrauch der Zahlwörter	90
Spezielle kommunikative Funktionen der Numeralia	91
Das Verb	93
Finite Verbformen im Überblick	94
Infinite Verbformen im Überblick	95
Die Verbklassen	95
Besonderheiten des tschechischen Verbs	98
Der vollendete und der unvollendete Aspekt	98
Die unbestimmten und zielgerichteten Bewegungsverben	103
Spezifische Aktionsarten	104
Reflexive Verben und reflexive Formen	106
Bildung finiter Verbformen	107
Bestandteile der zusammengesetzten Verbformen	107
Finite Formen des Verbs být	108
Der Infinitiv	108
Die Partizipien Perfekt Aktiv und Passiv	109
Die Formen des Aktivs	113
Das Präsens der unvollendeten Verben und das Futur der vollendeten Verben	113
Das Futur unvollendeter Verben	115
Das Perfekt	116
Das Resultativ	118
Der Imperativ	119
Der Konditional	122
Das Passiv	124
Das persönliche Passiv	124
Das unpersönliche Passiv	126
Infinite Verbformen und ihre Funktionen	126

Unflektierte Wortarten	130
Das Adverb	130
Klassifikation der Adverbien nach ihrer Bedeutung	130
Die Präpositionen	132
Die Konjunktionen	143
Die Partikel und die Interjektionen	143
Zur Wortfolge und zur Negation	144
Die Wortfolge	144
Die Enklitika	145
Wortverneinung und Satzverneinung	146
Die Satzbildung	
Die Satzarten	147
Die Bildung von Fragen	147
Gliederung der Sätze nach ihrer Struktur	148
Der einfache Satz	149
Das Subjekt	150
Das Prädikat	150
Das Objekt	152
Das Attribut	153
Die adverbialen Bestimmungen	154
Das prädikative Attribut	154
Der zusammengesetzte Satz	155
Die Satzverbindungen	156
Das Satzgefüge	157

Zur Lautlehre und Rechtschreibung

Das tschechische Lautsystem

Das Vokalsystem

Das Tschechische verfügt über fünf Vokale. Jeder dieser Vokale hat eine kurze und eine lange Variante. Die Wortbetonung kann sowohl auf den kurzen als auch auf den langen Vokalen liegen. In der Aussprache tritt keine Vokalreduktion auf.
Kurze Vokale im Wortauslaut werden nicht gedehnt.

kurz	a	e	i	o	u
lang	á	é	í	ó	ú

			Vergleich mit den entsprechenden deutschen Vokalen:
a	kurz	tam, lampa	wann, Lampe
a	lang	sál, přál si	Saal, Wahlen
e	kurz	ten, přesto	denn, wetten
e	lang	mléko, této	Mädchen, prägen
i	kurz	pivo, vliv	Kinn, Gewinn
i	lang	tím, novým	Wiese, Diele
o	kurz	kočka, pero	Wolle, toll
o	lang	ó, nivó, móda	keine Entsprechung
u	kurz	kulatý, postup	dumm, Stuck
u	lang	stůl, dolů	Stuhl, Kuh

1 Die tschechischen langen Vokale sind etwas länger als die deutschen Entsprechungen. Der Unterschied lang und kurz wird immer deutlich eingehalten, da die Länge bzw. Kürze der Vokale bedeutungsunterscheidend sind, z. B.:

byli (sie waren) – bílý (weiß)
být (sein) – byt (Wohnung)
dal (er gab, schenkte) – dál (weiter, ferner)

Die tschechischen Vokale werden offener ausgesprochen als ihre deutschen Entsprechungen. Am deutlichsten ist dies bei den langen Vokalen é und ó zu beobachten. Der Vokal ó kommt im Tschechischen nur in Interjektionen (ó!), in Fremdwörtern (móda), sowie in der unkorrekten Aussprache (z. B. dólu statt dolů) vor.
Dieses hat historische Gründe: das ursprüngliche lange tschechische o ist über uo zum langen u geworden, z. B.:
dóm – duom – dům;
daher auch der Kringel (↗ 9) über dem so entstandenen langen **u**.

2 Die tschechischen Vokale werden wie die deutschen im Anlaut und nach Präfixen mit hartem Stimmeinsatz (Glottisschlag) gebildet, z. B.:
– im Anlaut [´okno], [´ale], [´ulice], vgl. dt. [´ein]
in einer präpositionalen Gruppe [k ´oknu], vgl. dt. [in ´einem]
– nach Präfixen [ne´obvyklý], vgl. dt. [ein´arbeiten].

Vor allem die mittelböhmische Umgangssprache meidet bei o den harten Stimmeinsatz, indem sie manchmal den Laut -v- vorschiebt:
vokno statt [´okno], nevobvyklý statt [ne´obvyklý],
k voknu statt [k ´oknu].

Es existiert nur ein Laut **i**, kurz oder lang, trotz der unterschiedlichen Schreibweise **i/í, y/ý** (↗ **10**).

3 *In der Umgangssprache gibt es jedoch einen Unterschied: das lange ý wird in der Regel, vor allem in Böhmen, als ej ausgesprochen, z. B.:*
velkej, velkejch statt velký, velkých
mejdlo statt mýdlo.

Diese Lautveränderung ist regelmäßig. Da die Originallautgruppe ej nur sehr selten in einem Wortstamm auftritt, z. B.:
upejpat se (sich zieren),
kommt es aufgrund dieser Lautveränderung nicht zu Mißverständnissen. Einzelbeispiele der Verwendung ej statt í (lejt statt lít) sind eine Ausnahme.

Die Diphthonge

Im Tschechischen gibt es den tschechischen Diphthong

ou	touha, pouze, mouka, loučit se, upoutat,

und zwei Diphthonge fremden Ursprungs:

au	auto, pauza
eu	pneumatika, neuróza

(gesprochen nicht wie im Deutschen, sondern e, das in **u** übergeht).

Die Diphthonge werden einsilbig, aber nicht reduziert ausgesprochen, d.h. beide Vokale werden ohne Neueinsatz (harten Stimmeinsatz) vollständig artikuliert.

Nebeneinander stehende Vokale **ou**, **au** bzw. **eu**, die nicht demselben Morphem angehören, z. B.:

    poučný   nauka   neustálý,

werden nicht als Diphthonge ausgesprochen. Der Vokal **u** wird jeweils mit hartem Stimmeinsatz (Neueinsatz) gebildet.

    [po´učný]   [na´uka]   [ne´ustálý]

(↗ 2)

Bei der Konjugation, Deklination und Komparation sowie in der Wortbildung kommt es in vielen Fällen zum Wechsel der Vokalquantität oder -qualität (↗ 7).

Das Konsonantensystem

Für die Aussprache der Konsonanten ist die Artikulationsstelle und die Stimmhaftigkeit/-losigkeit ausschlaggebend:

Artikulationsstelle	stimmhaft	stimmlos
bilabial	b	p
nasal	m	
labiodental	v	f
alveolar		
vorn	d	t
nasal	n	
	(dz)	c
	z	s
	ř	ř
	r	
	l	
hinten	ž	š
	(dž)	č
palatal	ď	ť
	j	
nasal	ň	
velar	g	k
	ch	
nasal	(ng)	
laryngal	h	

Die Konsonanten **f** und **g** kommen in ursprünglich tschechischen Wörtern nur selten vor: **f** – doufat, zoufat si, foukat, fičet; **g** – nur im Ergebnis der Assimilation (↗ 6) [gdo], [gde]. Sie treten häufig in Entlehnungen auf: fialový, fiasko, fiakr, filuta, film, guma, galoše, prolog.

In Entlehnungen kommen außerdem **x** (taxi, Xaver) und **q** (quasi, quo vadis), geschrieben meistens **kv** (kvalita, kvóta, kvitovat) vor.

4 Sehr wichtig für die Wort- und Formbildung ist die Unterteilung der Konsonanten in:

harte	h ch k r d t n g
weiche	ž š č ř c j ď ť ň
hartweiche	b f l m p s v z

Bei der Flexion und der Wortbildung kommt es in vielen Fällen zu einem **Konsonantenwechsel** (↗ 7). Dem Konsonantenwechsel unterliegen:
– harte Konsonanten,
– weiche Konsonanten außer **j** und
– hartweiche **s**, **z**.
Die Konsonanten alternieren in der Regel wie folgt:
harte Konsonanten wechseln mit weichen und hartweichen, hartweiche **s** und **z** und der weiche Konsonant **c** mit weichen:

$$\begin{pmatrix} h \\ ž \\ z \end{pmatrix} \begin{pmatrix} g \\ ž \\ z \end{pmatrix} \begin{pmatrix} ch \\ š \\ s \end{pmatrix} \begin{pmatrix} k \\ č \\ c \end{pmatrix} \begin{pmatrix} r \\ ř \end{pmatrix} \begin{pmatrix} d \\ ď \\ z \end{pmatrix} \begin{pmatrix} t \\ ť \\ c \end{pmatrix} \begin{pmatrix} n \\ ň \end{pmatrix}$$

Nicht regelhaft kommt es zu einem anderen Konsonantenwechsel, so z. B.:

k – ť   s – t   oder   s – d   (↗ 7).

Die Konsonanten **b, f, l, m, p, v** und **j** unterliegen keinem Konsonantenwechsel.

Die Konsonanten **l** und **r** sind **Silbenträger**, sie sind fähig, Konsonanten zu einer Silbe zu vereinigen, z. B.:

vlk, krk, strč, skrz   vl-na, pl-ný, zá-strč-ka

In den Wörtern sedm und osm ist auch der Konsonant **m** Silbenträger. Gegenwärtig wird jedoch zunehmend die ursprünglich umgangssprachliche vokalisierte Form [os**u**m] als Norm anerkannt.

Mehrere Konsonanten bilden in Bezug auf **Stimmhaftigkeit** oder **-losigkeit** Paare (Paarlaute, Positionsvarianten). Diese wechseln durch die Wirkung der Stimmassimilation (↗ 6).
Tschechische **stimmhafte Konsonanten** zeichnen sich durch eine deutlichere Stimmhaftigkeit als ihre deutschen Entsprechungen aus, d. h. die Stimme ist bereits unmittelbar vor der Artikulation – nicht wie im Deutschen erst während der Artiku-

lation – im Einsatz. Auf die deutliche Stimmhaftigkeit ist bei der Artikulation zu achten; der Unterschied stimmhaft und stimmlos ist häufig bedeutungsunterscheidend:

byla (sie war) – pila (Säge); den (Tag) – ten (der); hlad (Hunger) – chlad (Kühle).

5 Bemerkungen zur Bildung einzelner Konsonanten:

n	Der Konsonant **n** paßt sich der Artikulationsstelle der nachfolgenden Konsonanten **k** oder **g** an, und wird wie im Deutschen [ng] ausgesprochen: banka, tango (Bank, Tango).
c	citron, cukr wird wie **z** in Zitrone, Zucker,
č	čas, počasí wie **tsch** in deutsch, rutschen,
s	sud, list wie das stimmlose **s** (ß) in Liste, naß,
z	zub, pozdě wie das stimmhafte **s** in Wiese, sein,
š	škola, šašek wie das **sch** in Schule, mischen,
ž	žák, kožený wie das **j** in Journalist, Jalousie ausgesprochen.

Von der deutschen Aussprache weichen erheblich ab:

p, t, k	werden ohne Behauchung ausgesprochen (Im Tschechischen gibt es keine behauchten Laute.)
r	wird nach der Aussprachenorm nur als Zungen **r** und deutlicher als im Deutschen ausgesprochen.
h	wird deutlicher als im Deutschen und sowohl im Anlaut als auch in der Mitte des Wortes ausgesprochen: hora, pohoda. Im Auslaut wechselt es mit seinem stimmlosen Paarlaut **ch** (➚ 6): práh, druh [prách, druch]. (Diesen Wechsel gibt es auch im Deutschen, wenn auch nicht regelmäßig: höher – hoch, nahe – am nächsten.)
ch	wird deutlicher als im Deutschen und etwa in der Mitte zwischen dem ich- und ach-Laut gesprochen: chalupa, pochod, prach, pýcha.

Keine Entsprechungen im Deutschen haben:

t', d', ň	bei der Aussprache der Palatallaute t', d', ň wird jeweils von den Lauten t, d, n ausgegangen; die Zunge wird aber an den harten Gaumen gepreßt,
ř	bei der Aussprache von [ř – stimmhaft] und [ř – stimmlos], wird vom Zungen-r ausgegangen, in dem ein stimmhafter oder stimmloser Zischlaut mit anklingt.

Die stimmhaften Varianten von **c** [dz] und **č** [dž] sind Folge der Assimilation (➚ 6). Sie kommen in tschechischen Wörtern kaum als selbständige Laute vor.
Die Lautgruppe **dz** kommt nur bei der lautmalerischen Interjektion „dzin" vor.
Die Lautgruppe **dž** ist im Anlaut nur in den tschechischen Wörtern džbán und džber zu finden, oft aber in Fremdwörtern wie džungle, džunka, džudo, džem, džez, džíny.

Im Tschechischen gibt es viele für das Deutsche ungewohnte Konsonantengruppen, mit zwei, drei, vier oder fünf Konsonanten:

středa, skříň, hlavní, hnout, hmat, chlapec, chvět se, chtít, chce, rty, dcera, lžíce, jmenovat se, jsem, jdu, lže, lhát, lze, lpět, krk, prst, vlk, plný, skrč se, strč, smrk, zástrčka.

Diese sind bis auf einige wenige Ausnahmen stets vollständig, also nicht vereinfacht, auszusprechen. Eine Ausnahme bilden vor allem die Konsonantengruppen **jm**, **js**, **jd**, **jd'** bei denen Vereinfachungen toleriert werden, z. B.:

[sem] statt jsem (nur im Wortanlaut), [du] statt jdu (nur im Wortanlaut), [menovat se] statt jmenovat se (nur im Wortanlaut), [pod'] statt pojd'.

In den Konsonantengruppen **ck** (z. B. in anglicky) und **sch** (z. B. in schůze, schéma) werden im Unterschied zum Deutschen beide Laute artikuliert; **sch** in Eigennamen deutschen Ursprungs (Schindler, Fischer) wird deutsch ausgesprochen.

Doppelte Konsonanten werden im Wortstamm oder im Suffix einfach ausgesprochen: Anna [Ana], denní [dení], vyšší [vyší], měkký [měký].

An der Grenze Präfix und Wortstamm kann der Doppellaut einem einfachen Laut gegenüber bedeutungsunterscheidend sein, deshalb wird er doppelt ausgesprochen:

poddaný (Untertan) im Unterschied zu podaný (gereicht),
předtisknout ausgesprochen: [přettisknout] (vordrucken)
als Unterschied zu přetisknout (überdrucken).

Konsonantengruppen **st** und **sp** werden im Tschechischen in allen Positionen wie **st** im deutschen Po**st** und **sp** im deutschen Ka**sp**ar ausgesprochen.

In der Umgangssprache werden einige Wörter mit st- bzw. sp- Anlaut, die ins Tschechische aus dem Deutschen entlehnt wurden, št bzw. šp ausgesprochen: [študent], [študovat], [špekulovat].

Die Stimmassimilation

6 Unter der Stimmassimilation versteht man die Anpassung der nebeneinanderstehenden Konsonanten. Sie betrifft nur Paarlaute und Positionspaare und ist nur für die Aussprache, nicht für die Rechtschreibung relevant.

Einzellaute   nur stimmhaft: l r m n ň j

bleiben in jeder Position stimmhaft.

Paarlaute	stimmlos: p f t t' s š k ch
	stimmhaft: b v d d' z ž g

lösen einander durch die Wirkung der Stimmassimilation ab, sie sind sonst jedoch selbständig und bedeutungsunterscheidend.

Positionsvarianten

stimmlos	c	č	[ř-stimmlos]
stimmhaft	[dz]	[dž]	[ř-stimmhaft]

nehmen nur durch die Wirkung der Assimilation die stimmhafte oder stimmlose Lautgestalt an. Sie haben eine gemeinsame bedeutungsunterscheidende Funktion.

Für die Assimilation gelten folgende **Gesetzmäßigkeiten**:
– im Auslaut werden alle stimmhaften Konsonanten stimmlos ausgesprochen:
lev [lef], pořad [pořat], druh [druch];

– in den Lautgruppen innerhalb eines Wortes oder in einer Präpositionalgruppe passen sich Konsonanten in der Stimmhaftigkeit/-losigkeit dem letzten Konsonanten der Lautgruppe an (regressive Assimilation):

Der **stimmhafte** Konsonant als der letzte einer Konsonantengruppe, bestimmt die Wahl der **stimmhaften** Varianten bei allen vor ihm stehenden Konsonanten.

z. B. **d** in ckd – leckdo – [ledzgdo],

kdo – [gdo], k Honzovi – [gHonzovi], s Honzou – [zHonzou], léčba – [lédžba]

Der **stimmlose** Konsonant als der letzte einer Konsonantengruppe bestimmt die Wahl der **stimmlosen** Varianten bei allen vor ihm stehenden Konsonanten.

z. B. **t** in vzt – vztah – [fstach],

podstavec – [potstavec], vzpomínka – [fspomínka], obsloužit – [opsloužit].

Besonderheiten

sh   in der Lautgruppe **sh** innerhalb eines Wortes wirkt die Assimilation in Mähren regressiv: shoda – [zhoda],

in Böhmen dagegen progressiv, der nachfolgende Konsonant paßt sich an: shoda – [schoda].

v   der Konsonant **v** paßt sich an: všechno – [fšechno], vztyk – [fstyk], erwirkt aber selbst keine Assimilation: květ, svět, s vámi

ř   die stimmhafte Variante wird im Anlaut vor den Vokalen: řeka, říkat, řada, sowie in der Position zwischen zwei Vokalen: pořád, kořen, die stimmlose Variante im Auslaut: pekař, malíř verwendet.

In den Konsonantengruppen innerhalb eines Wortes paßt sich **ř** jeweils in beiden Richtungen den Nachbarkonsonanten an:

křik, třeba, příklad [ř – stimmlos]   břeh, hřát, dře [ř – stimmhaft]
řka, řkouce [ř – stimmlos]   řvát [ř – stimmhaft]

In den Präpositionalgruppen mit **s, k** erzwingt das stimmhafte **ř** die Anpassung:
(mluvil jsem) s řadou [zřadou] (studentů)   (jdeme) k řece [gřece].

Lautveränderungen

7 In der Wortbildung und Formbildung kommt es zu Lautveränderungen in den einzelnen Bestandteilen der Wörter.

1. Veränderung der Vokalqualität

ů – o	dům – domu, kůň – koně
o – ů	most – můstek, schod – schůdek
e/ě – í	květ – kvítek, kámen – kamínek
í – e/ě	řídit – ředitel, díra – děr, pospíšit si – pospěš si!
ou – u	moucha – much, koupit – kup!
u – ou	kluk – klouček, sud – soudek
á – ů	stát – stůj!
á – e	dát – dej!, třást – třesu

2. Veränderung der Vokallänge

á – a	prodávat – prodavač, pták – ptačí, dělám – dělají
a – á	dar – dárek, zajímat – zájem
é – e	létat – letadlo, nést – nesu, jméno – jmen
í – i	řídit – řidič, slíbit – slib! síla – sil
i – í	kniha – knížka
y – ý	jazyk – jazýček
ý – y	zvýšit – zvyš!
u – ú	ulomit – úlomek
ů – u	rozpůlit – rozpul!

3. Einschub -e-
maminka – maminek; látka – látek; barva – barevný

4. Flüchtiges -e-
chlapec – chlapce; otec – otcův

5. Konsonantenwechsel meistens vor **e/ě** und **i/í**
Einzelkonsonanten

g – z	Olga – Olze, biolog – biolozi
g – ž	Olga – Olžin, Kongo – konžský
k – c	maminka – mamince, voják – vojáci
k – č	liška – liščí, písek – písčitý
k – ť	liška – lištička, deska – destička
h – z	Praha – Praze, dobrodruh – dobrodruzi
h – ž	Praha – pražský, touha – toužebný
ch – š	hoch – hoši, plocha – ploše
t – ť	město – městě, ztráta – ztratit
ť – c	ztratit – ztrácet, zlatit – zlacený
d – ď	hrad – hradě, jdu – jdi!

ď – z	chodit – chůze, nahradit – nahrazen
n – ň	žena – ženě, hon – honit
r – ř	doktor – doktoři, ministr – ministři
s – š	česat – češu, vysoko – výše, vyhlásit – vyhlášen, čistit – čištění
z – ž	ukázat – ukážu, mazat – mažu
c – č	otec – otče, noc – noční, obec – občan
s – t/d	plést – pletu, vést – vedu

Konsonantengruppen

sk – šť	pískat – píšťala, francouzský – francouzští
st – šť	pustý – poušť
zd – žď	pozdní – opožděn
ck – čť	německý – němečtí, anglický – angličtí

Die Betonung

Im Tschechischen liegt die Betonung grundsätzlich auf der **ersten Silbe**, z. B.:
radost, **chvá**lit, **zá**bava.

Eine Ausnahme bilden die Betonung der zweiten Silbe im Gruß „Ahoj!", sowie die Betonung des letzten Lautes in Initialabkürzungen (wie im Deutschen):
OS**N**, US**A**, Č**R**.

In Entlehnungen und fremden Eigennamen wird in der Regel unabhängig von ihrer Originalbetonung die erste Silbe betont:
Fab**rik** – **fa**brika; Tu**chol**sky – **Tu**cholsky; Tur**ge**new – **Tur**genev.

In vier- und mehrsilbigen Wörtern gibt es neben der Hauptbetonung auch noch eine **Nebenbetonung**, z. B.:
nařizoval, **ne**vyčer**pa**telný.

8 Einsilbige ursprüngliche Präpositionen (↗ **68**), z. B. **na, do, po, u, o, pod, před**, sowie die vokalisierten Präpositionen ve, ke, se, nade, pode, přede (↗ **69**) bilden mit dem nachfolgenden Wort (meist ein Substantiv oder Adjektiv) eine Einheit und übernehmen somit die Hauptbetonung, z. B.
do hotelu [**do**hotelu], na návsi [**na**návsi], od sebe [**ot**sebe],
přede dveřmi [**přede**dveřmi], ve škole [**ve**škole].

Bei zweisilbigen abgeleiteten Präpositionen (↗ **68**), z. B. **kolem, kromě, skrze, mimo, mezi, podle** liegt in Präpositionalgruppen die Hauptbetonung auf dem Substantiv oder Pronomen, während die Präposition eine etwas schwächere Betonung hat, die etwa der Nebenbetonung gleichkommt, z. B.:
kolem **měs**ta, kromě **jí**dla.

Keine eigene Betonung tragen die Enklitika (↗ **71**), z.B. myl jsem se [myljsemse], přál bych mu zdraví [přálbychmu zdraví].

Die Rechtschreibung

Das tschechische Alphabet

a, á, b, c, č, d, ď, e, é, ě, f, g, h, ch, i, í, j, k, l, m, n, ň, o, ó, p, q, r, ř, s, š, t, ť, u, ú, ů, v, w, x, y, ý, z, ž

Das tschechische Alphabet benutzt lateinische Buchstaben. Diese werden teilweise mit diakritischen Zeichen versehen:

   ˊ   čárka – Strich,   o   kroužek – Kringel,   ˇ   háček – Häkchen

9 Die diakritischen Zeichen sind keine Betonungszeichen; sie dienen der Kennzeichnung von Lautquantität und -qualität:
– Der Strich und der Kringel kommen ausschließlich bei Vokalen (der Kringel nur beim **ů**) vor und bezeichnen die **Länge**.

– Das Häkchen erscheint bei **ě** (dieses ě kommt nur nach b, p, v, f, und d, t, n vor) und bei ď, ť, ň, ř, ž, š, č und es bezeichnet über:

   ě   nach d, t, n die **Weichheit** dieser Konsonanten ď, ť, ň, z.B.:
            děkovat [ďekovat], ticho [ťicho], nic [ňic];

            nach b, p, v, f die **Lautgruppe -je-**, z.B.:
            oběd [objed], zpět [zpjet], věřit [vjeřit]; o harfě [o harfje];

            nach m die **Lautgruppe -ňe-**, z.B.: město [mňesto];

   ď, ť, ň   die **Weichheit** dieser Konsonanten (↗ 5);

   ř, š, č, ž   die **Qualität** dieser Konsonanten (↗ 5).

ď und ť werden als
– kleine Druckbuchstaben d' bzw. t',
– kleine Schreibbuchstaben *ď* bzw. *ť*,
– große Druck- und Schreibbuchstaben Ď, Ť bzw. *Ď, Ť* geschrieben.

10 Auch im Tschechischen stimmen manchmal Schreibweise (Buchstaben) und Aussprache (Laute) nicht überein. Für zehn Vokale (fünf lange und fünf kurze) hat das Tschechische 14 Buchstaben: a, á, e, é, ě, i, í, y, ý, o, ó, u, ú, ů

Die Buchstaben **i (í)**, **y (ý)** bezeichnen den kurzen oder langen Laut **i**
   byl – bil, pýcha – píchá

Die unterschiedliche Schreibweise **i/y** für den gleichen Vokal **i** hat historische Gründe: im alten Tschechisch gab es außer dem Vokal **i** auch einen Vokal **y**. Letzterer hat sich offensichtlich jedoch bereits im 14. Jahrhundert dem **i** angeglichen.
Es ist belegt, daß bereits damals Meister Johannes Hus die Tschechen ob der ungenügenden Unterscheidung unter anderem dieser beiden Laute tadelte.
Die Unterscheidung blieb jedoch in der Rechtschreibung bis heute erhalten.

Viele tschechische Wörter unterschiedlicher Bedeutung differenzieren lediglich in der Schreibweise, z. B.:

být (sein) – bít (schlagen)
mýt (waschen) – mít (haben)
pil (er trank) – pyl (Blütenstaub).

In Wörtern fremden Ursprungs wird in der Regel die Originalschreibweise beibehalten, **i/y** aber wiederum gleich (als i) ausgesprochen:

fyzika, film, chirurg, historický, hyena, rizoto, xylofon.

i, í   wird verwendet:
– nach den weichen Konsonanten **ž, š, č, ř, c, j**, z. B.: žít, šít, čin, cit, jiný,
– nach **d, t, n** (mit der Konsequenz der Erweichung der Konsonanten): hodina [hoďina], ticho [ťicho], nic [ňic].
Somit haben **ď, ť, ň**, und **d, t, n**, vor **i** oder **ě** (↗ 9) die gleiche Lautqualität.
– nach den hartweichen Konsonanten: **b, f, l, m, p, s, v, z**
bít, mít (haben), viset, líbat, dopis, sít, zívat.

y, ý   schreibt man in ursprünglich tschechischen Wörtern:
– nach den harten Konsonanten **h, ch, k, r, d, t, n** (in der Verbindung mit **y/ý** bleiben **d, t, n** hart): nohy, chytrý, kyselý, rychlý, tykat, hody, sny,
– in einigen Fällen (in den tschechischen Rechtschreibregeln gibt es dafür Musterwortreihen, tschechisch: vybraná slova) nach den hartweichen Konsonanten **b, l, m, p, s, v, z**, z. B. být, lýtko, myslet, pyšný, sýr, vy, nazývat.

ú   kommt im Anlaut und nach Präfixen: účet, vyúčtovat, sowie in einigen wenigen Wörtern ocún (Herbstzeitlose) und Interjektionen bú, hú, tútú vor.

ů   erscheint im Wortstamm, sowie im Wortauslaut, z. B.: dům, stůl, kůň, průmysl, můstek, bratrův, hradů, Petrů

Der in der Wortbildung und Formenbildung vorkommende Vokal- und Konsonantenwechsel wird immer durch die entsprechende veränderte Schreibweise der Laute festgehalten, z. B.:

francouzský – francouzští.

Zur Groß- und Kleinschreibung

Im Tschechischen werden Gattungsnamen mit kleinem Anfangsbuchstaben geschrieben, z. B.

hrad, žena, město.

Mit großen Anfangsbuchstaben schreibt man:
- das erste Wort eines Satzes, z. B. Včera jsem byla doma. oder eines satzartigen Gebildes (Überschrift, Aufschrift) z. B. Výstup

- alle Eigennamen, d. h.:
- Personennamen
  Dana, Jirka, Novotný, Morávková und davon abgeleitete Possessivadjektive, z. B. Petrův, Olžin
- Angehörige von Erdteilen, Nationen, Stämmen, Städten
  Evropan, Čech, Indián z kmene Apačů, Pražan
- Tiernamen
  pes Rek, kočka Jůra, pták Ohnivák
- geographische Namen
  Krkonoše, Sněžka, Labe, Praha, Vodičkova ulice, Brno-Lesná, Slovensko, Německo, Amerika
- Namen der Feste und Feiertage
  Vánoce, Velikonoce
- Namen von Staaten, Organisationen, Institutionen (auch als Abkürzungen)
  Organizace spojených národů, Parlament ČR, Akademie věd ČR, Základní škola (v Praze 5), OSN, USA, SRN, Čedok.

In den Mehrwortbenennungen wird in der Regel das erste Wort mit großem Anfangsbuchstaben geschrieben, z. B.:
Česká republika, Karlův most, Tichý oceán, Nový rok.

Sind Bestandteile einer Mehrwortbenennung selbst Eigennamen, so wird ihre Großschreibung beibehalten, z. B.:
Ústí nad Labem, Spolková republika Německo, Severní Amerika.

- Personal- und Possesssivpronomen in Briefen
  Ty, Ti, Tebe, Tvůj, Vy, Váš, Vám
- Ehrentitel
  Excelence, Vaše Magnificence, Spektabilis.

Die Verfahren zur Wortschatzerweiterung

Im Tschechischen werden vor allem folgende Verfahren zur Wortschatzerweiterung verwendet:
– die Wortbildung
– die Bildung von Mehrwortbenennungen
– die Entlehnung
– die Bedeutungsübertragung

Die Wortbildungsverfahren

– die Ableitung   – die Zusammensetzung   – die Abkürzung

Neue Wörter entstehen außerdem durch einen Wortartwechsel:
– ohne die Veränderung der Wortform, z. B. substantivierte Adjektive wie poddaný, známý, oder substantiviertes kurzes Adjektiv wie ticho, volno.
– mit Hilfe des Wortstammes, z. B. das Substantiv let vom Verb letět, chod (Gang im übertragenen Sinne) vom Verb chodit.

Die Ableitung

Unter der Ableitung versteht man das Anfügen der Präfixe, z. B.: **vý**chod, (Präfigierung ↗ 11) oder Suffixe, z. B. uč**itel**, (Suffigierung ↗ 12) oder Präfixe und Suffixe zugleich (↗ 15), z. B. **nábřeží** an den Wortstamm.
Die Ableitung ist das bevorzugte Wortbildungsverfahren des Tschechischen.

Aufbau des Wortes

Wortstamm	ist der Träger des Bedeutungskerns und ist bei allen verwandten Wörtern identisch oder ähnlich;
Präfix	steht vor dem Stamm und modifiziert in der Regel die Bedeutung
Suffix	steht nach dem Stamm, kennzeichnet die Wortart und modifiziert die Bedeutung und/oder die Wortform
Endung	ist der Träger grammatischer Bedeutungen, die bei der Flexion (Deklination, Konjugation und Komparation) realisiert werden.

Präfix	Wortstamm	Suffix	Endung
	les		
	les-	ník-	ovi
zá-	les-	ák	
za-	les-	něn-	ých
za-	les-	nit	

Die Präfigierung

11 Die Präfigierung betrifft vor allem die Verben, seltener Adjektive, Substantive, Pronomen und Adverbien.

Tschechische Präfixe im Überblick

> do-, na-, nad-/nade-, ne-, ně-, ni-, o-, ob-/obe-, od-/ode-, po-, pod-/pode-, pra-, pře, před-/přede-, při-, roz-/roze-, s-/se-, sou-, u-, v-/ve-, vy-, vz-/vze-, z-/ze-, za-

Die meisten Präfixe existieren im Tschechischen selbständig als Präpositionen: do-, na-, nad-, o-, od-, ob-, pod-, před-, při-, s-, u-, v-, z-, za-.

Andererseits übernehmen einige abgeleitete Präpositionen (↗ **68**) die Funktionen der Präfixe, z. B.:

mezi – **mezi**dobí, proti – **proti**klad.

Nur als Präfixe treten auf: **pa-, pra-, roz-, sou-, vy-, vz-**.

Das Negationspräfix **ne-** wird bei den Verben, Adjektiven, Adjektivadverbien und Substantiven, das Negationspräfix **ni-** bei negativen Pronomen (↗ **34**) und Adverbien (↗ **67**) verwendet, z. B.:

nepsat, neposlušný (ungehorsam), nezdravě, nepravda, nikdo, nic, nikde,

das Präfix **ně-** tritt bei Indefinitpronomen (↗ **34**) und -adverbien (↗ **66**) auf, z. B.:

někdo, někdy.

Lautvarianten und Lautveränderungen
Präfixe, die auf einen Konsonanten auslauten oder aus einem Konsonanten bestehen, besitzen vokalisierte Varianten (siehe oben). Diese treten vor allem vor Konsonantengruppen auf, z. B.:

odemknout, sehnat, nadepsat, vzepřít.

Die Präfixe s-, z-, roz-, vz- werden vor Zischlauten vokalisiert, z. B.:

seskočit, sezvat, zezelenat, zeslabit, vzešlý, rozečíst.

Bei der Vokalisierung besteht keine vollständige Regelmäßigkeit, z. B.:

ro**zz**lobit aber ro**zez**nat, o**dej**ít aber **od**jet.

Die Verwendung eines vokalisierten oder nicht vokalisierten Präfixes ist in der Regel kodifiziert und die korrekte Form dem Wörterbuch zu entnehmen.

Präfixe **na-**, **za-**, **vy-**, **u-**, **při-** verändern bei Substantivableitungen die Vokallänge, z. B.:

najmout – **ná**jem, **při**stoupit – **pří**stup, **vy**cházet – **vý**chod, **za**padat – **zá**pad, **u**deřit – **ú**der.

Präfixe **do-**, **pro-** haben bei Substantivableitungen oft die Form **dů-**, **prů-**, z. B.:

dokázat – **dů**kaz, **do**vtípit se – **dů**vtip, **pro**kázat – **prů**kaz, **do**provodit – **prů**vod.

Das Hinzufügen des Negationspräfixes **ne-** hat bei einigen Verben die Kürzung des Stammvokals zur Folge, z. B.:

d**á**t – **ne**dat, zn**á**t – **ne**znat.

Das Negationspräfix **ne-** kann (bis auf Ausnahmen wie: nej-, nej**ne**pohodlnější) allen präfigierten Ableitungen vorangestellt werden, z. B.

nepovyskočit, nerozpoznat.

Die Präfixe können auch aneinander gereiht werden, z. B.:

dávat – **roz**dávat – **poroz**dávat.

Entlehnte Präfixe, z. B. **a-**, **de-** (**dez-**), **dis-**, **kon-**, **kontra-**, **meta-**, **ex-** verbinden sich in der Regel mit entlehnten Wortstämmen, z. B.:

apolitický, disproporce, disharmonie, konvergence, deziluze

seltener mit ursprünglich tschechischen Wörtern, z. B. metajazyk.

Die Präfixe erfüllen bedeutungsmodifizierende (wortbildende) oder grammatische (formbildende) Funktionen.
Vielfach sind Präfixe mit dem Stamm verschmolzen und erfüllen keine selbständige (oder keine deutliche) Funktion, z. B.:

zapomenout, vzpomenout si, pochopit, napomenout, objevit se, vyznat se, vzkázat, přiznat se.

Grammatische Funktionen

Die grammatischen Funktionen der Präfixe sind im Verhältnis zu den bedeutungsmodifizierenden wenig ausgeprägt.
Die Präfigierung wird genutzt:
– zur Bildung des vollendeten Aspektes des Verbs, z. B. die Präfixe
na-: psát (unvollendet) – **na**psat (vollendet)
u-: mýt (unvollendet) – **u**mýt (vollendet)
pře-: číst (unvollendet) – **pře**číst (vollendet)

– zur Bildung des Superlativs des Adjektivs und Adjektivadverbs (➚ **33**):
das Präfix **nej-**: nejlepší, nejlépe

– zur Wortverneinung:
das Präfix **ne-**: nechodit (nicht gehen), nepohoda (Unwetter), neslavný (unrühmlich).

Bedeutungsmodifizierende Funktionen

Verbale Präfixe

Mit Hilfe verbaler Präfixe entstehen präfigierte Verben und von ihnen abgeleitete Substantive und Adjektive. Die Präfixe bezeichnen:
– die Art und Richtung der Bewegung oder der mit der Bewegung verbundenen Handlung, z. B.

do-	bis zum Ziel: dojít, doběhnout, doplavat, doraz, dovřít
na-	auf/an eine Oberfläche: nakreslit, nalepit, naskočit, nálepka, nakreslený
nad-	höher als etwas: nadzvednout, nadskočit, nadstavba
o-, ob-	um etwas herum: otočit, obíhat, obalit, objížďka
od-	weg: odejít, odjet, odletět, odvázat, odnést
popo-	etwas weiter: popostoupit, popojít, popoběhnout, poposednout
pod-	untenlang, unter etwas: podstrčit, podepsat, podpis, podchod
pro-	hindurch: probodnout, projít, proletět
pře-	über ein Hindernis hinweg oder an eine andere Stelle: přeskočit, přejít, přehodit, přenést
před-	vor etwas: předjíždět, předvolat, předběžný
při-	zu einem Ziel: přijet, přijít, přivolat, příchod
roz-	in verschiedene Richtungen, auseinander: roznést, rozlít, rozfoukat
s-	zusammen, zueinander: slepit, sešít, svolat
	hinunter, herunter: sejít, seběhnout, spadnout
	weg von der Oberfläche: smazat, smést, setřít
u-	weg oder zurück: uletět, unést, ustoupit, ústupek, uplynulý
v-	hinein, herein: vejít, vlézt, vnést
vy-	hinaus, heraus: vyběhnout, vynést, vylézt
	hinauf, herauf: vyletět, vyhodit, vytáhnout
vz-	in die Höhe, empor: vzletět, vznést se
za-	nach hinten, hinter etwas: zajít, zaběhnout

– eine Veränderung des Zustandes

z-	zešedivět, zhubnout
o-	omládnout, ovdovět, onemocnět
po-	pohubnout, poblednout

– eine mechanisch herbeigeführte Veränderung eines Objektes

po-	die Oberfläche bedecken: posypat, polít, pokrýt
na-	die Oberfläche bedecken: namazat, nalakovat
za-	etwas verdecken: zabarvit, zamazat, zakrýt
o-	beschädigen, verbrauchen: ochodit, obnosit
po-	beschädigen, verbrauchen: pořezat, poškrabat, polámat
od-	von etwas befreien: odvodnit, odvzdušnit
s-	von der Oberfläche entfernen: smazat, setřít, strhnout
u-	vernichten: unosit, ubít, utýrat, umučit
roz-	in Stücke teilen: roztrhat, rozkousat, rozstřihat

- eine zeitliche Begrenzung der Handlung

pro- Handlung, die einen bestimmten längeren Zeitabschnitt dauert: proplakat, prosedět, prospat
za- Handlung, die kurze Zeit andauert: zaplakat, zasmát se, zatřást se

- die Phasen des Geschehens

do- die Endphase der Handlung, z. B.: dočíst/dočítat, dopsat/dopisovat, dozpívat/dozpívávat (vollendet oder unvollendet)
roz- • eine plötzlich ansetzende, aufbrechende, länger andauernde Handlung, z. B.: rozesmát se, rozplakat se (nur vollendet)
• eine Anfangsphase einer Bewegung, z. B.: rozjíždět se/rozejet se, rozbíhat se/rozběhnout se (unvollendet oder vollendet)
• eine mittlere Phase einer Handlung, z. B.: mít rozečtenou knihu, rozepsaný dopis, rozdělanou práci (nur vollendet).

- das Maß des Geschehens

na- + **reflexives se** bezeichnet ein hohes Maß einer Handlung (eine massive Handlung): napsat se, nasedět se, napracovat se
po- • bezeichnet eine ausschöpfende Handlung (alles, was notwendig, möglich war), z. B.: pozavírat, pozotvírat, pochytat, pobít
• kleines Maß einer Handlung: pootevřít, pozastavit, popohnat
u- + **reflexives se** stellt ein Übermaß an Handlung dar, z. B.: utahat se, upracovat se (sich tot arbeiten), umluvit se (sich den Mund fusselig reden), uchodit se;
vy- erschöpfende Handlung, alles, was möglich, nötig war, z. B.: vyházet, vysázet, vynosit
vy- + **reflexives se** eine ausgiebige Handlung, z. B.: vyběhat se, vyspat se, vyskákat se, vyřádit se
za- + **reflexives se** eine sehr intensive, länger andauernde Handlung, z. B.: zaposlouchat se, zadívat se, začíst se.

Die Adjektivpräfixe

Die Adjektivpräfixe modifizieren häufig die Intensität einer Eigenschaft, eines Merkmals.

Kleine Intensität bezeichnen z. B. die Präfixe:

po- pobledlý (bläßlich), postarší (ältlich)
na- nakyslý (säuerlich), nazelenalý (grünlich)
při- přihlouplý, přiblblý (beides: dümmlich)

große Intensität z. B. die Präfixe:

pře- překrásný (wunderschön), přehnaný, přemrštěný (beides: übertrieben)
pra- prastarý (uralt), pradávný (uralt, längst vergangen)

Die Substantivpräfixe

Nur wenige Präfixe werden bei den Substantivstämmen verwendet. Sie erfüllen bedeutungsmodifizierende Funktionen, z. B.:

pa-	(Bedeutung „falsch") z. B. pavěda (Pseudowissenschaft), paklíč (Nachschlüssel)
pra-	prazdroj (Urquell), praotec (Urvater)
sou-	soulad, souzvuk (Harmonie, Zusammengehörigkeit), souhvězdí (Gestirn), sourozenci (Geschwister), souostroví (Inselgruppe)

Die Suffigierung

12 Die Suffigierung betrifft Substantive, Adjektive (einschließlich Adjektivadverbien) und Verben. Es werden Substantiv-, Adjektiv-, sowie verbale Suffixe unterschieden. Die Anzahl der Suffixe übersteigt weit die der Präfixe.

Die Suffixe existieren nicht selbständig, sie sind immer an ein Wort (einen Wortstamm) gebunden.
Manche Suffixe existieren in mehreren Varianten, z. B.:   - ík/-ník, -bna/-ebna

einige Suffixe werden anderen Suffixen vorangestellt; diese kann man auch als Infixe bezeichnen und es sind z. B.:

-va-	zur Kennzeichnung der Iterativität (↗ **51**), chodil – chodíval(tam) (er pflegte [hin]zu gehen), oder
-tel-	(entspricht dem dt. -bar, im Sinne von möglich): řeši-tel-ný (lösbar).

Viele Suffixe sind fremden Ursprungs, z. B.: **-ant**, **-ent**, **-ismus**
Sie werden in der Regel nur bei den Wortstämmen fremden Ursprungs verwendet: dilet**ant**, korespond**ent**, roman**tismus**.

Nur selten kommen sie bei den ursprünglich tschechischen Wortstämmen vor, z. B.:
   pracant (ein Mensch der viel und intensiv arbeitet) oder synátor (ironisch für syn).

Bei der Suffigierung kommt es z. B. zu folgenden Lautveränderungen:
– Konsonantenwechsel
ji**h** – jižní, měk**k**ý – měk**c**e, ho**ch** – hošík, here**c** – here**č**ka, soud**c**e – soud**k**yně

– Erweiterung des Stammes
Marie – mari**án**ský, Peru – peru**án**ský,

– Vokalverlängerung oder -verkürzung
list – lístek, k**á**zat – k**a**zatel, tlumočn**í**k – tlumočn**i**ce

– Veränderung der Vokalqualität
d**í**tě – d**ě**tský, l**ou**pit – l**u**p, m**o**st – m**ů**stek, d**ů**m – d**o**mek, k**u**s – k**ou**sek, řeka – říčka, koleno – kolínko

– Einschub -e- oder flüchtiges -e-
sestra – sest**e**rský, p**e**s – psí, sportov**e**c – sportovkyně

Die Suffixe erfüllen bedeutungsmodifizierende und formbildende Funktionen. Sie sind oft mehrdeutig und haben in Verbindung mit unterschiedlichen Wortstämmen oder auch in Verbindung mit einem und demselben Wortstamm unterschiedliche bedeutungsmodifizierende Funktionen

příjem	ce	(Empfänger/Person)	přijím	ač	(Empfänger/Gerät)
poklad	na	(Kasse)	poklad	ní	(Kassierer/-in)
hled	isko	(Hinsicht)	hled	iště	(Zuschauerraum)
stanov	isko	(Standpunkt, Meinung)	stanov	iště	(Stand, z. B. Taxistand).

Die Substantivsuffixe

Typische Suffixe sind z. B.:

Maskulina	-ač, -áč, -ák, -an, -án, -ař, -ář, -as, -ce, -ec, -eč, -ič, -ek, -ik, -íř, -ista, -ček, -tel, -och, -or, -ýr, -ant, -ál, -ent, -ér, -iér, -éř
Feminina	-ka, -ice, -yně, -ost, -ička, -írna, -árna, -ie, -bna, -ež, -ura, -áž, -ita, -ba, -ota,
Neutra	-átko, -cko, -ctvo, -ctví, -dlo, -enko, -í, -inko, -iště, -isko, -ítko, -sko, -ství, -stvo

13 Die Unterscheidung männlicher und weiblicher Lebewesen durch Suffixe

– Die Bezeichnungen weiblicher Lebewesen werden von den Maskulina in der Regel mit Hilfe von Suffixen z. B. **-ka**, **-yně**, **-ice** gebildet:

prodav**ač**/prodav**ačka**, sportov**ec**/sportov**kyně**, krasav**ec**/krasav**ice**.

– Die weiblichen Familiennamen werden mit Hilfe des Suffixes **-ová** gebildet, z. B.:

| Maskulinum | Novák | Petrásek | Mladota | Dítě |
| Femininum | Nováková | Petrásková | Mladotová | Dítětová |

Dieses Suffix wird auch Familiennamen fremden Ursprungs angefügt, z. B.:
Neudörfel – Neudörflová, Young – Youngová

Es treten folgende Lautveränderungen auf:
- flüchtiges -e-, z. B.: Petrásek – Petrásková

- Verschmelzung des Auslautes mit dem Suffixanlaut, z. B.: Stýblo– Stýblová

- Abtrennung des Auslautes des männlichen Familiennamens:
Mlado**ta** – Mlado**tová**

- Erweiterung des Stammes: Dítě – Dít**ětová**, Hrabě – Hrab**ětová**
aufgrund der Deklination von dítě, hrabě nach dem Musterwort des Neutrums kuře (↗ 22)

– Das Suffix -ová nehmen in der Regel auch weibliche Familiennamen **der Angehörigen anderer Länder** (wenn der Auslaut des Namens es möglich macht) an:
Marlene Dietrichová, Ingrid Bergmannová.

Fremde Familiennamen, die auf Vokale auslauten, sowie ostasiatische Namen bleiben unverändert:
Greta Garbo, Vivian Leigh, Maria Mallé, Kim Čongsim.
(↗ 27)

– Nur selten haben tschechische Nachnamen nur eine Form, so z. B. -ů:
Jan Macků – Petra Macků, Pavel Janů – Radka Janů, Jan Petrů – Zuzana Petrů

– Adjektivische Familien- und Gattungsnamen bilden regelmäßige (harte oder weiche) adjektivische Formen, z. B.:

| Maskulinum | Mladý, vrátný | Hořejší, cestující |
| Femininum | Mladá, vrátná | Hořejší, cestující |

– Bei den Bezeichnungen von Verhaltensweisen, Eigenschaften wird manchmal nur eine Genusform verwendet.

Maskulinum	spáč, zahaleč, silák, sobec, blbec, pitomec, blboun, hlupák kutil, loudil, slaboch, vztekloun, mamlas, ťulpas, kliďas Alena je sobec. Petr je sobec.
Femininum	drbna, klepna Pan Novák je strašná drbna. Paní Nováková je strašná drbna.
Neutrum	dobrotisko, nemehlo, trdlo Pavel je velké dobrotisko. Jana je velké trdlo.

In einigen Fällen verwendet man eine Form, die dann entweder als Femininum oder als Maskulinum dekliniert wird:
ten rozumbrada (Naseweis) – ta rozumbrada; ten nešika (Tolpatsch) – ta nešika
Honza je velký nešika. – Radka je velká nešika.

Bedeutungsmodifizierende Funktionen

Die bedeutungsmodifizierenden Funktionen der Substantivsuffixe sind zahlreich und vielfältig.
Sie bilden Bezeichnungen für:
– Angehörige von Berufsgruppen,
Funktions-, Titel-, Dienstgrad-, Würdenträger,
Angehörige von Religionsgemeinschaften, Angehörige politischer Parteien, Interessengemeinschaften,
Lebewesen mit bestimmten Verhaltensweisen, Eigenschaften

Maskulinum		Femininum	
-ač	prodavač	-ka	prodavačka
-ař	zubař, lékař	-ka	zubařka, lékařka
-án	dlouhán		
-ec	herec	-ečka	herečka
	sportovec, poslanec	-kyně	sportovkyně, poslankyně
	konservativec, lidovec		wie Maskulinum
	krasavec	-ice	krasavice
-ce	soudce	-kyně	soudkyně
-čí	průvodčí	-čí	průvodčí
-eč	uchazeč	-ečka	uchazečka
-ič	volič	-ka	volička
-eč/ěč	vypravěč	-ka	vypravěčka
-ář	sekretář, lhář	-ka	sekretářka, lhářka
-ník	dělník, tlumočník	-nice	dělnice, tlumočnice
	podvodník		podvodnice
-ík	katolík	-ička	katolička
-ák	voják, kuřák, zpěvák	-ačka	vojačka, kuřačka, zpěvačka
-l	kutil, loudil		wie Maskulinum
-íř	malíř	-ka	malířka
-ýř	pastýř	-ka	pastýřka
-tel	učitel	-ka	učitelka
-or	doktor	-ka	doktorka
-ýr	inženýr	-ka	inženýrka
-ant	laborant, diletant	-ka	laborantka, diletantka
-áč	spáč		wie Maskulinum
-ent	korespondent	-ka	korespondentka
-at	demokrat	-ka	demokratka
-át	kandidát	-ka	kandidátka
-éř	bankéř	-ka	bankéřka
-ista	houslista, turista	-stka	houslistka, turistka
-og	filolog	-ožka	filoložka
-ik	teoretik	-ička	teoretička
-iér	hoteliér	-ka	hoteliérka
-ér	masér	-ka	masérka
-ál	intelektuál	-álka	intelektuálka
-ý	vrátný	-á	vrátná
-í	cestující	-í	cestující

– Angehörige von Staaten, Nationen, Regionen, Städten

-ec	Ukrajinec	-ka	Ukrajinka
-ák	Slovák	-enka	Slovenka
	Polák	-ka	Polka
-an	Angličan, Pražan	-ka	Angličanka, Pražanka

- Gegenstände (Geräte, Möbelstücke, Hausrat, Essensorten, Material)

-dlo	umyvadlo, mýdlo, zavazadlo, lepidlo
-ítko	pravítko, stínítko
-átko	sluchátko, stupátko
-ák	věšák, hořák, šroubovák, bramborák
-ič	chladič, vařič
-eč	zkoušeč, vysoušeč
ěč	spouštěč, rozvaděč
-ač	vypinač, přijímač, zapalovač, vysavač
-ník	prádelník, popelník,
-ec	makovec, lívanec
-ovina	slonovina, sklovina
-ina	buničina, tkanina

- Abstrakta, Erscheinungen

-isko	stanovisko, hledisko, východisko
-ina	němčina, angličtina, čeština
-ie	melodie, biologie
-ec	rámec, vzorec, čtverec
-ura	inventura, drezura
-áž	reportáž, instruktáž
-ež	krádež, loupež
-ství	hospodářství, zemědělství

- Eigenschaften, Wertungen, Merkmale

-ost	slabost, jakost, spokojenost
-ot	hřmot, tlukot, jásot
-ota	drahota, teplota, lakota
-ina	blbina, volovina, slabina
-ita	kolegialita, loajalita, kvalita
-ctví	lajdáctví, pokrytectví
-ství	lidství, přátelství

- Räumlichkeiten

-árna	kavárna, cukrárna, pekárna, továrna
-na	knihovna, úschovna, půjčovna
	prodejna, rozhledna, pokladna
	ubytovna, hovorna, prádelna
-bna	léčebna, učebna, zkušebna
-írna	čistírna, žehlírna
-iště	letiště, stanoviště, pracoviště
-ství	květinářství, pekařství
-ctví	zahradnictví, kadeřnictví, krejčovství
-sko	strnisko, letovisko
-oř	laboratoř, konzervatoř

- Kontinente, Länder, Staaten, Regionen
  - -sko   Slovensko, Skotsko, Polsko
  - -cko   Německo, Turecko
  - -ie   Asie, Austrálie, Anglie, Belgie, Francie, Kalifornie

- Kollektiva, Gemeinschaften, Mengen
  - -ctvo   ptactvo, žactvo,
  - -stvo   lidstvo, vodstvo, mužstvo
  - -í   listí, kamení
  - -ež   mládež

14 Besonderheiten der Verkleinerungssuffixe (Deminutivsuffixe)

-ek, -ák, -ík, -eček, -iček, -íček, -áček, -ečka, -ička, -ečko, -énka, -ínka, -ének, -ínek, -énko, -ínko

Die Verkleinerungssuffixe, die sowohl den Gattungs- als auch den Eigennamen angefügt werden können, erfüllen mehrere Funktionen.

Sie dienen dem Größenvergleich, indem sie (manchmal auch mehrere) Verkleinerungsstufen kennzeichnen, z. B.:

dům (ein Haus), dom**ek** (ein kleines Haus), dom**eček** (ein Häuschen)
kus (ein Stück), kous**ek** (ein Stückchen), kous**íček**/kous**ínek** (ein ganz kleines Stückchen, ein klitzekleines Stückchen).

Sie erfüllen expressive Funktionen, indem sie (manchmal auch abgestufte) emotionale Beziehung anzeigen, z. B.:

Zuneigung, Liebe:	chlap**eček**, holč**ička**, zlat**íčko**, mam**inka**/mam**inečka** Petř**íček**, Luc**inka**
positive Einstellung:	To je hlav**ička**! (Das ist ein kluges Köpfchen!) To je počas**íčko**! (Das ist ein Wetterchen!)
Herabschätzung:	řeč**ičky** (dummes Gerede).

Sie erfüllen reine Wortbildungsfunktionen (lexikalisierte Deminutiva), z. B.:

značka (Zeichen, Verkehrszeichen u.a.) – znak (Zeichen allgemein, Wappenzeichen u.a.)
řádka (Textzeile) – řada (Reihe); hřebík (Nagel) – hřebíček (Gewürznelke).

Die expressiven Funktionen der Verkleinerungssuffixe werden vor allem im privaten Bereich sehr häufig verwendet
- in Verbindung mit Speisen und Getränken, z. B.: Jedno pivečko. Dvě kávičky.
- bei den Eigennamen, z. B.: Jiříček, Janička
- in der Kommunikation mit den Kindern, z. B.: Vezmi si botičky, čepičku a rukavičky. (Zieh mal die Schuhchen, das Mützchen und die Handschuhchen an.) Napij se mlíčka. (Trinke die Milch).
- bei Buchstaben, z. B.: **Á**čko, **B**éčko, (Gruppe, Klasse, Linie etc.): Pojedeme Béčkem.

Der Gebrauch von Vergrößerungs- oder Vergröberungssuffixen ist eingeschränkt. In seltenen Fällen tragen sie die Bedeutung einer außergewöhnlichen Größe eines Lebewesens oder einer Sache. Meistens werden sie expressiv, pejorativ verwendet:

- -oun hezoun (Schönling)
- -isko psisko (Köter), chlapisko (ein großer ungehobelter Kerl)
- -izna babizna (eine meistens alte, böse, extrem unsympathische Frau).

Die Adjektivsuffixe

-ský, -ovský, -cký, -ový, -avý, -natý, -atý, -itý, -ivý, -ní, -ný, -telný, -í, -tý, -ánský, -ičký, -inký

Bedeutungsmodifizierende Funktionen

Die Adjektivsuffixe erfüllen mehrere bedeutungsmodifizierende Funktionen. Von einem **Substantiv** gebildet bezeichnen sie z. B.:

– die Zugehörigkeit zu einem Substantiv: Possessivadjektive (➚ 31)

- -ův bratr – bratrův, otec – otcův
- -in matka – matčin, Olga – Olžin

– die Beziehung zu einem Substantiv (das Substantiv betreffend)

- -ský řidičský, koňský, městský
- -ovský rodičovský, žákovský, domovský
- -cký belgický, mexický, mělnický, vědecký, pěvecký
- -ní školní, večerní, noční, srdeční, krční
- -ový automobilový, krajový
- -ný železný, skleněný

– die Reichhaltigkeit, gehäuftes Auftreten/Vorkommen von Objekten oder Erscheinungen

- -atý zubatý (mit großen Zähnen)
- -natý hornatý (bergig)
- -itý kamenitý (steinig), železitý (eisenhaltig)
- -ivý ohnivý (feurig), bolestivý (schmerzhaft)

– die Ähnlichkeit mit dem Objekt, der Erscheinung

- -ový čtvercový (quadratisch)
- -ovitý vejcovitý (eierförmig)

Oft sind Unterschiede zu beachten:
srdc**ový** kluk (Herzbube) – srdeč**ní** nemoc (Herzkrankheit) – srdeč**ný** pozdrav (herzlicher Gruß)
prostor**ový** (Raum-) – prostor**ný** (geräumig)

Von einem **Adjektiv** gebildet bezeichnen sie meistens:
– ein höheres oder geringeres Maß der Eigenschaft

-avý	bělavý (weiß schimmernd)
-inký	malinký (klitzeklein)
-ičký	maličký (klitzeklein)
-ounký	hebounký (samtweich)
-oučký	slaboučký (hauchdünn)
-ánský	velikánský (riesengroß), dlouhatánský (ellenlang).

Diese Funktion ist auch bei manchen Adjektivadverbien deutlich:

-oučko   teploučko (sehr schön warm), blizoučko (ganz ganz nahe).

Von einem **Verb** abgeleitet bezeichnen sie:
– ein Merkmal, das aus einer Handlung hervorgeht
minulý (vergangen), smažený (gebraten), vypitý (ausgetrunken), mluvící (sprechend). (↗ **64**)

– die Möglichkeit der Handlung, des Vorgangs

-telný   dělitelný (teilbar), omyvatelný (abwaschbar)

– die Handlung als Zweck, Bestimmung

-cí   prací (Wasch-), kreslicí (Mal-), hasicí (Lösch-).

– eine Handlung als eine typische Eigenschaft, die Neigung zu einer Handlung

-avý   stěhovaví ptáci (Zugvögel), hádavý (streitsüchtig)
        podnikavý (unternehmungslustig)
-ivý   dovádivý (tobsüchtig), bláznivý (verrückt).

Oft sind Unterschiede zu beachten: (↗ **1**)

balicí papír (Einschlagpapier) – žena balící zboží (eine Frau, die die Ware einpackt)

Von einem lokalen oder temporalen **Adverb** gebildet stellen sie mit Hilfe verschiedener Adjektivsuffixe die Beziehung zu einer Raum- oder Zeitangabe, z. B.:
tamější, zdejší, dnešní, loňský.

Grammatische Funktionen

haben z. B. die Suffixe   -ší, -ejší, -ější, -í

bei der Komparation der Adjektive (↗ **33**), z. B.:
další, kratší, teplejší, snadnější, měkčí.

Die Verbalsuffixe

Die Anzahl der verbalen Suffixe ist im Vergleich zu denen der Substantive und Adjektive gering; es sind vor allem:

-nout, -et/-ět, -at, -it, -ovat   z. B.: zapomenout, bolet, padat, vadit, tancovat.

Von einem **Substantiv** abgeleitet bezeichnen sie:
– das Wahrnehmen einer Funktion, Rolle

-ovat   panovat (herrschen), učitelovat (als Lehrer arbeiten).

– die Nachahmung des Verhaltens

-it   opičit se (nachäffen)
-ovat   papouškovat (wie ein Papagei wiederholen)

– den Umgang mit dem Gegenstand, Instrument

-it   básnit (dichten), solit (salzen)
       barvit (färben), troubit (hupen), brzdit (bremsen)
-ovat   kartáčovat (bürsten), lyžovat (Ski laufen).

Von einem **Adjektiv** gebildet bezeichnen sie:
– die Annahme einer Eigenschaft oder eines Merkmals

-nout   bohatnout (reich werden), stárnout (alt werden)
-ět   šedivět (grau werden), lenivět (bequemlich werden)
-at   černat (schwarz werden), zčervenat (rot werden)

– das Erreichen eines Merkmals oder die Herbeiführung eines Zustandes

-it   černit (schwärzen), krátit (kürzen), sušit (trocknen).

Verwendet werden auch Ableitungen von onomatopoetischen Interjektionen, z. B.:

mňoukat (miauen), vrčet (murren), bzučet (summen).

Verben mit einer emotionalen Funktion, z. B.:

spinkat, hajinkat, papinkat, capkat

werden nur in der Kommunikation mit den Kindern oder ironisch gebraucht.

15 Präfigierung und Suffigierung

Die Ableitung mit Hilfe der Präfigierung mit gleichzeitiger Suffigierung kommt z. B. bei den Raum-, Zeit-, sowie Zustandsbezeichnungen des Typs **nároží** vor. Hierbei werden gleichzeitig Präfixe, z. B.: **ná-**, **po-**, **zá-**, **ú-**, **pří-**, **bez-**, **pod-** und das Suffix **-í** einem Substantivstamm angefügt, z. B.:

nábřeží, **po**vodí, **Po**vltaví (die Moldaugegend), **bez**větří, **bez**vládí, **zá**tiší, **ú**straní, **pří**měří, **pod**hradí, **před**městí, **vý**sluní, **pod**hůří, **zá**pěstí

Die Zusammensetzung

Unter Zusammensetzung versteht man die Verbindung von zwei, seltener mehreren selbständigen Wortstämmen zu einem neuen Wort. Für das Tschechische gilt, daß die Zusammensetzung im Vergleich zur Ableitung und im Vergleich zum Deutschen weniger entwickelt ist. Das Tschechische hat als Äquivalent für deutsche Komposita häufig Mehrwortbenennungen, besonders solche, die aus Beziehungsadjektiv und Substantiv bestehen, z. B.:

zimní boty (Winterschuhe), psací stůl (Schreibtisch)

oder aus präpositionalen Substantivverbindungen, z. B.:

bonbony proti kašli (Hustenbonbons), plášť do deště (Regenmantel)
krém na opalování (Sonnencreme), klíč od bytu (Wohnungsschlüssel)

Die Komposita sind vor allem bei Substantiven und Adjektiven zu finden, bei den Verben sind sie nur eine Ausnahme. Die Komposita können manchmal in völlig selbständige Worte zerlegt werden (Zusammenrückungen), z. B.:

sebekritika (Selbstkritik) – kritika sebe,
pravděpodobný (wahrscheinlich) – podobný pravdě.

Meistens ist jedoch diese Möglichkeit nicht vorhanden, dann spricht man von den „echten Komposita". Hierbei sind entweder beide Komponenten oder nur eine nicht selbständig, z. B.:

plynoměr, pravopis, velkoměsto.

Zwischen der ersten und der zweiten Komponente ist in der Regel ein Bindevokal,

-o-   vod-o-těsný,
-e-- děj-e-pis,
-i-   svít-i-plyn

eingeschoben.

Bei den Komposita treten häufig (bedingt auch durch zunehmende Internationalisierung) Modelle auf, bei denen eine Komponente fremden (lateinischen oder griechischen) Ursprungs ist, die in gekürzter Form auftritt, z. B.:

auto-, moto-, elektro-, rádio-, gramo-, kino-, hydro-, stereo-, video-.

Sie kann sowohl mit der entlehnten, z. B.:

videorekordér, autosalón

als auch mit der tschechischen Komponente kombiniert werden, z. B.:

autoškola, motoopravna, hydrovosk, motostřelecký, elektropotřeby, fotopřístroj.

Letzteres nennt man hybride Bildung.

Die Abkürzung

Die Bildung von Abkürzungen und Kurzwörtern ist vor allem Ausdruck der Sprachökonomie. Die Abkürzungen werden aus einzelnen Teilen einer Mehrwortbenennung gebildet.
Es können verschiedene Typen unterschieden werden, die wie folgt entstehen:
– durch Silbenabkürzung, z. B.: Drutěva – **Dru**žstvo **tě**lesně **va**dných, Pexeso – **pekel**ně **se sous**třeď, Čedok – **Če**ská **do**pravní **k**ancelář,

– durch Initialabkürzung, z. B.: SRN – **S**polková **r**epublika **N**ěmecko, Damu – **d**ivadelní **A**kademie **mú**zických **u**mění.

Die Silbenabkürzungen, Kurzwörter sind deklinierbar, z. B.: jdu do Čedoku, und es können Ableitungen gebildet werden, z. B.: čedokový.

Abgekürzt werden meist Bezeichnungen von Staaten, Organisationen, Institutionen, Produktionsbetrieben, z. B.
ČR, OSN (UNO), UNESCO, UK (Univerzita Karlova), ČKD (Českomoravská Kolben-Daněk), MFF (Mezinárodní filmový festival), ČT (Česká televize), ND (Národní divadlo)

Bildung von Mehrwortbenennungen

Mehrwortbenennungen sind feste Verbindungen, die aus mehreren Wörtern bestehen und gemeinsam eine Bedeutung tragen. Sie stellen ein sehr produktives Verfahren der tschechischen Benennungsbildung dar und sind vor allem in Terminologien anzutreffen.
Unter den substantivischen Mehrwortbenennungen können verschiedene Modelle ermittelt werden, die u. a. für die Wiedergabe der deutschen Komposita wichtig sind, z. B.:

> hladká mouka, vyšší nervová činnost, lesní sklady dříví, laboratoř pro experimentální fonetiku, továrna na automobily, léčebna pro duševně choré

16 Die Univerbierung

In unmittelbarem Zusammenhang mit den Mehrwortbenennungen steht die Univerbierung. Die relativ langen Mehrwortbenennungen sind für die Alltagskommunikation schwerfällig und werden daher in zweierlei Art und Weise gekürzt:
– durch die Bildung eines Substantivs mit Hilfe eines Ableitungssuffixes (meistens -ák, -ka), angefügt an das Adjektiv bei gleichzeitiger Aussparung des Substantivs der Mehrwortbenennung: sanitní vůz – sanitka, věžový dům – věžák, průmyslová škola – průmka.

– durch die Aussparung des Substantivs oder des Adjektivs: vrchní číšník – vrchní, jízdní kolo – kolo, konečná stanice – konečná

Die Univerbierungen werden vor allem in der Umgangssprache verwendet. Mit der Zeit gelangen dann einige solcher Wörter in den neutralen Wortschatz, z. B.:

kapesné (Taschengeld), jízdné (Fahrgeld), prachovka (Staubtuch), rádiovka (Baskenmütze), minerálka (Mineralwasser).

Univerbierungen treten auch als Eigennamen und Markenzeichen auf, z. B.:

Stromovka (Baumgarten [eine Parkanlage in Prag]), Becherovka (Becherbitter)

Die Entlehnungen

Die Entlehnungen bilden einen festen Teil des Wortschatzes. In allen Sphären der Sprache finden wir Benennungen, die ihren Ursprung im Lateinischen und Griechischen haben und die man als Internationalismen bezeichnet, z. B.:

biologie, turbína, astronaut, realismus, televizor, univerzita.

Es werden vor allem Substantive (tabu, želé), Adjektive (fér, noblesní, nóbl, fajn, finanční) und Verben (financovat, programovat) entlehnt.

Als eine der Gebersprachen kann man das Deutsche nennen, wobei die sog. Germanismen in der heutigen tschechischen Sprache meist expressiv bzw. umgangssprachlich gefärbt sind, z. B.:

ksicht, furt, špacírovat, pucovat, ajnclík, helfnout, kumšt,

wenn auch einige der neutralen oder sogar der gehobenen Stilschicht angehören:

brýle, klenot (Kleinod), ortel (Urteil).

Aus dem Französischen kommen Worte wie turnaj, inženýr, omeleta; aus dem Englischen šek, tenis, džez; aus dem Ungarischen čardáš, guláš; aus dem Itaileinischen piano, kvinteto usw. Die produktivste Gebersprache ist heute das Englische marketing, leasing, boom, computer usw.

Der größte Teil der Entlehnungen paßt sich dem System der tschechischen Sprache (in Phonetik, Orthographie und Morphologie) an, nur wenige Worte behalten ihre Originalschreibweise. Dazu gehören die sogenannten Zitatwörter wie „en bloc", „fair play", „science fiction" usw.

Es gibt auch wörtliche Übertragungen eines Wortes, sogenannte Lehnübersetzungen, z. B.:

paroloď – Dampfschiff, mrakodrap – Wolkenkratzer.

Bedeutungsübertragung

Zu Veränderungen im Wortschatz kommt es ebenfalls auf semantischen Wege, so z. B. entstehen neue Wörter durch Bedeutungsübertragung, z. B.:

pokoj (Zimmer, Ruhe), donášet (hinbringen, zutragen, [Kleider] abtragen), točit (drehen [Film], [Bier] zapfen), skládat (abladen, komponieren, zusammenlegen), mazat (auftragen, abwischen, löschen, schmutzig machen, pesen, „abziehen")

Die Formbildung

Im Tschechischen werden traditionell 10 Wortarten unterschieden, die weiterhin in flektierte und unflektierte unterteilt werden.
Bei der Flexion unterscheidet man drei Typen:
– Deklination
– Konjugation
– Komparation

Flektierte Wortarten	Unflektierte Wortarten
Substantive	Adverbien (mit Ausnahme
Adjektive (einschl.	der Adjektivadverbien)
Adjektivadverbien)	Präpositionen
Pronomen	Konjunktionen
Numeralia	Interjektionen
Verben	Partikel

Verben werden konjugiert, Substantive, Adjektive, Pronomen, Numeralia und einige Verbformen werden dekliniert, Adjektive und Adjektivadverbien werden kompariert.

Das flektierte Wort hat neben der Sach- auch eine grammatische Bedeutung, die durch die Flexion zum Ausdruck kommt. Die verschiedenen Formen werden durch Anfügung von Endungen an den Wortstamm (žen-ě) oder Wortstamm und Suffix (středisk-u) gebildet. Dabei kommt es nicht selten zu Lautveränderungen (↗ 7).

Flektierte Wortarten

Das Substantiv

Die Substantive bezeichnen Lebewesen und Dinge (Konkreta), sowie Sachverhalte, Gedanken und Gefühle (Abstrakta).
Die inhaltlichen Klassen des Substantivs, so z. B. Eigennamen, Stoffnamen oder Kollektiva spielen manchmal bei der Bildung von Substantivformen eine Rolle.

Grammatische Kategorien des Substantivs

Substantive werden dekliniert. In den vielfältigen Substantivformen kommen grammatische Kategorien des Genus, der Belebtheit (nur bei den Maskulina), des Numerus und des Kasus zum Ausdruck.

Genus

| Maskulinum (belebt und unbelebt) | Femininum | Neutrum |

Zu den belebten Maskulina gehören alle Substantive, die Lebewesen männlichen Geschlechts bezeichnen, allerdings keine Kollektiva (z. B. národ).
Manche unbelebte Substantive verhalten sich auf Grund ihres Auslautes (-ec, -tel) wie belebte, z. B.
  ledoborec, činitel, dělenec, násobenec, dělitel, násobitel, mikrob und bacil.

Durch ein ausgeprägtes emotionales Verhältnis (Expressivität) zu bestimmten Gegenständen können diese, allerdings nur im Singular, wie belebt behandelt werden. Es lassen sich gegenwärtig verschiedene Substantive finden, die diese Tendenz, vor allem in der gesprochenen Sprache, aufweisen. Typische Beispiele sind die maskulinen Bezeichnungen für Automarken (máme formana, mercedesa). Diese Erscheinung ist auch bei einigen anderen Substantiven anzutreffen, z. B.
  mám nového budíka, našli jsme hřiba, zavolej mi taxíka, plavat kraula, dát góla, snědla jednoho indiánka.

Anmerkungen
– Schwankungen im Genus gibt es z. B. bei folgenden Substantiven:
řádek, m. – řádka, f.   hyacint, m. – hyacinta, f.   brambor, m. – brambora, f.
rez, m. – rez, f.   kyčel, m. – kyčel, f.   hřídel, m. – hřídel, f.

– Bedeutungsunterscheidend ist das unterschiedliche Genus z. B.:
prostor, m. (Raum) – prostora (Räumlichkeit), f.; choť, m. (Gatte) – choť, f. (Gattin)

– Einige Substantive haben im Singular und Plural unterschiedliches Genus:
dítě, n. (nach kuře) – děti, f. (nach kost)

– Einige Feminina auf -a, die Charakteristiken von Lebewesen ausdrücken, wie z. B.: nešika (ein Tolpatsch), rozumbrada (ein Naseweis), oder familiäre Form von Vornamen darstellen: Jarka (familiäre Form von Jaroslav oder Jaroslava), weisen im Nominativ Singular die gleiche Form für Maskulina und Feminina auf.
Bei der Deklination gibt es dann unterschiedliche Formen: k tomu popletovi, k té popletě, k Jarkovi, k Jarce (➚ **19, 20**).

Numerus

| Singular | Plural | Reste des Duals |

Die Substantive haben in der Regel zwei Numeri, Singular und Plural, einige Substantive verfügen über die Reste des Duals.

Manche Substantive treten jedoch nur im Singular oder im Plural auf.

Nur im Singular stehen **Singulariatantum**. Es sind:
- Eigennamen, z.B.: Praha, Berlín, Jana, Vladimír
Der Plural kann jedoch bei folgenden Eigennamen gebildet werden:
- bei metaphorischen Übertragungen, z.B.: Goethové se nerodí každý den.
- bei metonymischen Übertragungen des Namens des Künstlers auf sein Werk, z.B.: Na výstavě bylo několik Holbeinů a Degasů.
- bei Gruppenbezeichnungen, die Erscheinungen desselben Namens bennenen, z.B.: Dnes mají svátek Mařenky. Dvě Národní divadla – pražské a bratislavské.

- Abstrakta
- Bezeichnungen von Handlungen und Eigenschaften, z.B.: kreslení, pití, četba, spánek, smích, hluk, kopaná, moudrost, mladost, svěžest, genialita, závist, nepřátelství, píle, nekonečno

- Stoffnamen, wie z.B.: mléko, voda, pivo, alkohol, cukr, med, mouka, maso, petrolej, benzín, olej, nafta, hrách, zelí, seno, vzduch, světlo, zlato, stříbro, ocel, olovo, železo, plyn, sklo, dřevo

- Kollektiva
- Gruppen von Menschen oder Tieren, z.B.: členstvo, mládež, mužstvo oder
- Komplexe von Sachen, Pflanzen, Materialien, z.B.: rostlinstvo, kvítí, maliní, stromoví, jehličí, kamení, uhlí, dříví, peří, učivo.

17 Nur im Plural stehen **Pluraliatantum**. Sie treten im Tschechischen häufiger als im Deutschen auf. Es sind:
- Ortsbezeichnungen, z.B.: Krkonoše, Hradčany, Čechy

- Gattungsnamen, z.B. Bezeichnungen für:
- Körperteile, wie: ústa, prsa, plíce, játra, záda
- Bekleidungsstücke, z.B.: tepláky, montérky, plavky, kalhoty, šaty
- Krankheiten, z.B.: příušnice, spalničky, neštovice
- Musikinstrumente und Werkzeuge, z.B.: housle, varhany, tympány, dudy, nůžky, kleště
- Feiertage, Feste oder Zeitabschnitte, z.B.: Vánoce, Velikonoce, narozeniny, jmeniny, prázdniny
- schriftliche Dokumente, z.B.: anály, memoáry, akta, noviny, paměti,
- sowie weitere Substantive wie z.B.: dveře, vrata, šachy.

(Zur Deklination ↗ 25)

Der Dual. Bei Substantiven, die paarweise vorkommende Körperteile bezeichnen, z.B.: oko – oči, ruka – ruce, ucho – uši, noha – nohy ist in einigen Kasusformen der Dual (die Zweizahl) erhalten geblieben. (Zur Deklination ↗ 24)

Kasus

18 Im Tschechischen unterscheidet man 7 Kasus:

| Nominativ | Genitiv | Dativ | Akkusativ | Vokativ | Präpositiv | Instrumental |

Der Nominativ und der Vokativ sind keine Präpositionalkasus. Der Genitiv, Dativ, Akkusativ und Instrumental kommen mit oder ohne Präpositionen, der **Präpositiv nur mit Präpositionen** vor (daher die in Klammern angeführte Präposition in den Deklinationstabellen, z. B.: ↗ **19**).
Der Nominativ, Genitiv, Dativ, Akkusativ, Präpositiv und Instrumental erfüllen prinzipiell die gleichen Satzgliedfunktionen wie die vier Kasus im Deutschen. Es sind jedoch z. B. folgende abweichende Funktionen zu beachten:

Der Genitiv
– Der Mengengenitiv. Der Gegenstand einer Mengenangabe steht im Genitiv:
- in Verbindung mit einem Substantiv in allen Kasus, z. B.: šálek čaje – šálku čaje, kostka cukru – kostkami cukru
- in Verbindung mit einigen Numeralien (↗ **44, 46**) im Nominativ, Genitiv und Akkusativ, z. B.: mnoho jablek, pět sešitů

– Der Verneinungsgenitiv wird nicht mehr regelmäßig verwendet. Er findet sich nur noch in festen Wendungen: není divu ; nebylo po něm ani vidu ani slechu; po sněhu ani památky; ani stopy.

Der Dativ
– Dativus ethicus
Das Personalpronomen im Dativ hebt manchmal eine nachdrückliche Einbeziehung des Sprechpartners in das Geschehen hervor. Dadurch wird ein emotionales Erlebnis suggestiv vermittelt, z. B.: To **ti** bylo krásné! To **vám** byla nádhera!

– Der Dativ in den Altersangaben (↗ **47**) bzw. im nominalen Prädikat (↗ **77**)

Der Instrumental
wird neben dem Nominativ im nominalen Prädikat (↗ **76**) verwendet, z. B.:
Je učitelem. Největším básníkem byl…
Mým přáním je … (Mein Wunsch ist es, …).

Der Vokativ
ist ein besonderer Kasus, es ist der Kasus der Anrede. Er wird verwendet bei den Lebewesen oder Substantiven, die als Lebewesen behandelt werden.
– Der Vokativ erfüllt keine Satzgliedfunktion und geht mit anderen Wörtern keine syntaktischen Beziehungen ein.

– Der Vokativ weist nur beim Substantiv und nur im Singular eigene Formen auf. Im Plural des Substantivs, sowie bei Adjektiven, Pronomen oder Numeralien ist der Vokativ immer mit dem Nominativ identisch. In den Deklinationstabellen der Adjektive, Pronomen und Numerale wird er deshalb nicht berücksichtigt.

In den Verbindungen des Wortes pan mit den substantivischen Familiennamen steht in der Umgangssprache oft nur pan im Vokativ, der Familienname jedoch im Nominativ: Pane Vaníček! Pane Milota!
Korrekte Formen sind dagegen: Pane Vaníčku! Pane Miloto!
Im familiären Kontakt wird der Vokativ einiger Eigennamen verändert, z.B.: Jituš, statt Jituško, Hani statt Haničko.

Die Deklination der Substantive

Die Substantive werden substantivisch oder adjektivisch dekliniert. Einige entlehnte Substantive bleiben undekliniert.

Substantivische Deklination im Überblick

– regelmäßige Deklinationsmuster

Maskulina belebt				
	Konsonantenauslaut		Vokalauslaut	
	pán	muž	předseda	soudce (nur Suffix -ce)
			Konsonant vor dem Vokal	
hart	+	–	+	–
weich	–	+	+	c
hartweich	außer z	l, s, z	+	–

Maskulina unbelebt		
	Konsonantenauslaut	
	hrad	stroj
hart	+	–
weich	c	+
hartweich	+	l, s, z

Feminina				
	Vokalauslaut		Konsonantenauslaut	
	žena	růže, země	píseň	kost
	Konsonant vor dem Vokal			
hart	+	–	–	t
weich	+	ž, š, ř, c, ň	+	ž, š, č, c, ť, ď
hartweich	+	l, s, z, m, p	l, v, z	b, p, l, s, z

Neutra				
	Vokalauslaut			
	město	moře, hřiště	kuře, štěně	stavení
	Konsonant vor dem Vokal			
hart	+	n	–	–
weich	ž	c, ř, ž, ť	+	+
hartweich	l, m, s, p, v, z	b, f, l, p	b, p, l, s, v	+

Erläuterungen zur Tabelle:
In der Tabelle sind Substantive, die regelmäßig dekliniert werden, sowie die wichtigsten Ausnahmen berücksichtigt. Die Tabelle bringt keine Auskunft über die Häufigkeit des Vorkommens der einzelnen Auslaute.
Die Konsonanten sind in harte, weiche und hartweiche untergliedert (↗ 4).
+ alle Konsonanten dieser Gruppe sind möglich,
− kein Konsonant dieser Gruppe kommt in Frage.

− besondere Deklinationsmuster
• Dualdeklination
• Deklination der Pluraliatantum
• Deklination entlehnter Substantive mit den Suffixen **-us**, **-ea**, **-ma**, **-um**

Adjektivische Deklination der Substantive im Überblick

Maskulina	vrátný *Musterwort* mladý	Jiří, průvodčí *Musterwort* jarní
Feminina	vrátná, Horáková *Musterwort* mladá	paní, pokladní *Musterwort* jarní
Neutra	kapesné *Musterwort* mladé	hovězí *Musterwort* jarní

Substantive mit adjektivischen Suffixen werden adjektivisch dekliniert (↗ **28, 29**).

Maskulina auf -í (vedoucí, pracující, průvodčí, Jiří) werden wie weiche Adjektive (Musterwort jarní) dekliniert. Bei den Namen Jiří und Jiljí treten in erstarrten Verbindungen alte Formen auf:
od sv. Jiří, na svatého Jiří, o svatém Jiří.

Das Femininum paní hat außer im Dativ, Präpositiv und Instrumental Plural (paním, o paních, paními) in allen anderen Kasus die Form paní.

Die **Entlehnungen** werden sehr stark vom tschechischen Deklinationssystem beeinflußt. Sie werden regelmäßig nach den Musterwörtern der substantivischen Deklination gebeugt, wenn sie sich ihrem Auslaut nach einem Deklinationstyp zuordnen lassen, z. B. džez (hrad).
Einige Entlehnungen lateinischen und griechischen Ursprungs weisen Abweichungen auf (↗ **26**).

Undekliniert bleiben Entlehnungen, die sich keinem Deklinationstyp zuordnen lassen, z.B.:

tabu, apartmá, madam, ragú, filé, revue, nivó, plató, interview, whisky, derby, klišé, pyré, želé, dražé, froté, matiné, kupé, turné, žervé, defilé, negližé, foyer (foyer kann auch dekliniert werden: Genitiv: foyeru), angažmá, abonmá, faksimile, finále, alibi, taxi.

Undekliniert bleiben ebenfalls Zitatwörter wie z.B.:
enfant terrible, cinéma vérité, science fiction.

Die substantivische Deklination

Die Deklination der Maskulina

19 Maskulina belebt

Singular

N.	pán	muž	předseda	soudce
G.	pána	muže	předsedy	soudce
D.	pánu	muži	předsedovi	soudci
	pánovi	mužovi		soudcovi
A.	pána	muže	předsedu	soudce
V.	pane!	muži!	předsedo!	soudce!
	hochu!	*otče!*		
P.	(o) pánu	muži	předsedovi	soudci
	pánovi	mužovi		soudcovi
I.	pánem	mužem	předsedou	soudcem

Plural

N.	páni	muži	předsedové	soudci
	pánové	mužové	*turisté*	soudcové
	sousedé	*obyvatelé*		
G.	pánů	mužů	předsedů	soudců
D.	pánům	mužům	předsedům	soudcům
A.	pány	muže	předsedy	soudce
V.	páni!	muži!	předsedové!	soudci!
	pánové!	mužové!		soudcové!
	sousedé!	*obyvatelé!*	*turisté!*	
P.	(o) pánech	mužích	předsedech	soudcích
	hoších		*sluzích*	
I.	pány	muži	předsedy	soudci

Näheres zu den – auch kursiv gekennzeichneten – Endungsvarianten vgl. unten.

Substantivtypen, die entsprechend den einzelnen Musterwörtern dekliniert werden:
pán
– Substantive mit einem hartem und hartweichem Stammauslaut (außer z), z. B.:
hoch, školník, doktor, Petr, mistr, druh, biolog, páv, kos, manžel, čáp

– Eigennamen auf -o, -e: Ivo, Mirko, Stýblo, Poledne, Štajgrle
Häufige Suffixe sind z. B.: -an, -ák, -ík, -ek, -or, -án, -ek, -ik, -íř, -ček, -och , -ýr, -ant ,-ál, -ent ,-ér ,-iér

muž
– Substantive mit einem hartweichen (nur l, s, z) und weichen Stammauslaut, z. B.:
učitel, přítel, Alois, vítěz, chlapec, hlemýžď, choť, lékař,
Häufige Suffixe sind z. B.: -tel,-ař, -ač, -eč, -ec, -áč , -ář, -as, -ič, -íř, -tel, -éř

předseda
– ausschließlich Personenbezeichnungen, z. B.: starosta, nešika, Jirka, Vláďa
Besondere Suffixe sind: -ita, -ista, -asta

soudce
– nur Personenbezeichnungen mit dem Suffix -ce, z. B.: obhájce, žalobce, únosce

Endungsvarianten

-u/-ovi bzw. -i/-ovi im Dativ und Präpositiv Singular

-u/-ovi   Musterwort pán

Der Endung **-ovi** wird sowohl bei den Eigennamen als auch bei den Gattungsnamen Vorzug gegeben, z. B. tomu pán**ovi**, mému bratr**ovi**, tatínk**ovi**, našemu Pavl**ovi**.
In appositionalen Gruppen, wie z. B. pan Dvořák; pan inženýr Dvořák; pan Jan Svoboda; pan profesor Jan Novák wird in der Schriftsprache nur bei dem letzten Wort der Gruppe die Endung **-ovi** verwendet, bei allen anderen die Endung **-u**: k pan**u** inženýr**u** Dvořák**ovi**, o pan**u** Jan**u** Svobod**ovi**, k pan**u** profesor**u** Jan**u** Novák**ovi**.

In der Umgangssprache wird in diesen Fällen die Endung -u nur bei dem Wort „pan" konsequent verwendet, jedoch nicht unbedingt bei den nachfolgenden Wörtern der Gruppe, z. B.: k panu profesorovi Novákovi; řeknu to Petrovi Dvořákovi.

-i/-ovi   Musterwort muž

Die Endung **-i** ist die Regel vor allem bei dem Suffix **-tel**, es wird ihr aber auch bei den Suffixen -ař, -ač, -ec, -áč , -ář, -ič, -íř, -éř der Vorzug gegeben.
Bei den nichtpräfigierten Gattungsnamen chlapec, muž sind beide Endungen, bei attributiven Erweiterungen jedoch meistens die Endung **-i** gebräuchlich, z. B. mému muži, malému chlapci.
Bei den Eigennamen (mit oder ohne eine Erweiterung) verwendet man in der Regel die Endung **-ovi**, z. B. Tomášovi, Alešovi; milému Alešovi.
In appositionalen Gruppen, wie bei Vor- und Zunamen, z.B. Tomáš Palec wird in der Schriftsprache nur beim Nachnamen die Endung **-ovi** verwendet: Tomáši Palcovi.

-e/-u imVokativ Singular   Musterwort pán

Nach den Konsonanten **h, ch, g, k** sowie bei dem Substantiv syn folgt die Endung **-u** (hochu! synu!). Die Substantive člověk und bůh, bilden jedoch nur die Formen: člověče, bože.

-i/-é/-ové im Nominativ Plural

-i   Musterwort pán

– bei Tierbezeichnungen, z. B. medvědi, kohouti, páví, osli, kosi
– bei den Maskulina auf **-k**, **-ch**, **-r**, **-d**, **-t**, **-n** (nicht Suffixe -an und -at!), z. B.: dělníci, hoši, mistři, doktoři, Indiáni

– bei Entlehnungen mit den Suffixen -át, -ant: kandidát – kandidáti, diletant – diletanti.

Bei den Maskulina auf -g wird oft die Endung -ové: archeologové, biologové neben -i: archeolozi, biolozi verwendet. Der Grund kann auch die Vermeidung des Konsonantenwechsels sein.

-i	Musterwort muž

– bei den Maskulina mit einem weichen Stammauslaut, z.B.: -ř, -č, -c, die Berufe, Verhaltensweisen, sowie Charaktereigenschaften von Lebewesen bezeichnen, z.B. pekaři, malíři, spáči, sobci, zloději

-é	Musterwort pán

– bei den Maskulina auf -an: meist Bezeichnungen von Bewohnern eines Landes, einer Landschaft, einer Ortschaft (Holanďané, občané)

– bei einigen Substantiven mit -l Auslaut: andělé, manželé (Eheleute, das Ehepaar), Španělé

– bei Entlehnungen mit dem Suffix -at: diplomat – diplomaté

-é	Musterwort muž

– bei den Berufs- und Funktionsbezeichnungen mit dem Suffix -tel (učitelé, skladatelé), sowie beim Substantiv přítel – přátelé

-é	Musterwort předseda

– bei den Suffixen -ita, -ista, -asta: bandité, turisté, gymnasté.
Diese Endung haben auch die Substantive lidé und hosté.

Die Endung -i besitzt als Variante der Endung -é bei den Suffixen -an, z.B.: Angličani und -at, -ista, -asta, -ita, z.B.: diplomati, turisti, gymnasti, banditi, sowie bei den Substantiven lidi, hosti eine umgangssprachliche Färbung.

-ové   ist die Norm bei dem Musterwort předseda,
           mit Ausnahme der fremden Suffixe -ita, -ista, -asta.
Bei den Musterwörtern pán und muž erscheint die Endung -ové vor allem bei:
– einsilbigen Völkernamen, z.B.: Finové, Dánové, Irové (nicht aber bei Čech, vgl. die Anmerkung auf Seite 43)

– Eigennamen (Leošové, Čapkové)

– bei den von den Verben gebildeten Gattungsnamen mit dem Suffix -il, -al: kutilové, střádalové

– bei Entlehnungen auf -ál, -graf, -zof: profesionálové, fotografové, filozofové

– bei einigen Substantiven mit weichem Auslaut -j: zpravodajové, čarodějové

– bei einigen Substantiven mit dem Stammauslaut -l, z.B.: poslové, manželové

– *bei den Tiernamen, die als Personenbezeichnungen (Charakteristika) benutzt werden: oslové, volové, koňové.*

Anmerkung. Beim Substantiv Čech wird **-ové** nur in der historischen Bedeutung der tschechischen Stammesangehörigen, z. B. staří Čechové (die alten Tschechen) verwendet. Für die aktuelle Bezeichnung der Angehörigen des tschechischen Volkes verwendet man nur die Endung -**i**: Češi.

Die Endungen **-i** und **-ové** variieren stilistisch gleichberechtigt bei nichtabgeleiteten Substantiven der Musterwörter pán und muž, sowie beim Musterwort soudce: chlapi – chlapové, páni – pánové, muži – mužové, soudci – soudcové. Usuell haben sich jedoch bestimmte Endungen gefestigt, z. B. otec – otcové, chlapec – chlapci.

Genitiv Plural endungslos   bilden přítel und obyvatel – přátel, obyvatel (letzteres neben der Endung -ů, obyvatelů).

-ech/-ích im Präpositiv Plural

Die Endung **-ích** haben in der Regel bei der Deklination nach pán die Substantive auf **-k**, **-g**, **-ch**, **-h**, (o vojácích, hoších, biolozích) bei der Deklination nach předseda, Substantive mit dem Konsonanten **-k**, **-g**, **-ch**, **-h** vor **-a**, (o sluzích, o nešicích). In allen anderen Fällen wird die Endung **-ech** verwendet.

In der Umgangssprache ist zu beobachten, daß der Endung -ách der Vorzug gegeben wird, denn vor ihr findet kein Konsonantenwechsel statt.

-ama/-ema im Instrumental Plural

ist die universelle umgangssprachliche Endung aller Musterwörter (pánama, mužema, předsedama, soudcema) (↗ **20 – 26, 28, 29, 31, 36, 37**)

Abweichungen in der Deklination einzelner Maskulina
– **člověk** bildet die Pluralform suppletiv und verändert dabei das Genus. Die Pluralform lidé wird entsprechend dem Musterwort kost (Femininum) dekliniert.
– **přítel** verändert im Plural die Vokalqualität: přátelé.
– **pán** hat vor den Eigennamen, Titeln o. ä. stets die Form pan (kurzer Stammvokal). Im Plural bleibt die Länge erhalten. Eine alte Form des Genitivs des Wortes „pán" findet sich in der Jahreszahlangabe léta Páně [auch abgekürzt l. P.] (Anno Domini, im Jahre des Herrn).
– **strýc** im Vokativ Singular ist neben der Form strýci! auch die ältere Form strýče! möglich
– **syn** im Vokativ Singular synu! (aber bei zlosyn – zlosyne!)
– **anděl, manžel** im Vokativ Singular anděli! manželi!
– **kůň** gemischte Deklination im Plural: Nominativ Plural -ě (Endung der unbelebten Maskulina), Genitiv koní, koňů, Dativ koním, koňům, Präpositiv koních, Instrumental: koňmi, koni
– **rodiče** Nominativ Plural - e (Endung der unbelebten Maskulina), auch -ové (rodiče, rodičové)
– **host** Nominativ Plural hosté, Genitiv Plural hostů, buchspr. hostí
– **lidičky** expressives Deminutivum – Deklination nach žena: Genitiv lidiček, Dativ lidičkám, Akkusativ lidičky, Präpositiv lidičkách, Instrumental lidičkami, Nominativ Plural draží lidičky byli (wie belebte Maskulina)
– **bratr** wird regelmäßig nach pán dekliniert; im Plural kann es in manchmal in speziellen Funktionen die alten Formen annehmen: Nominativ: bratří Čapkové (Gebrüder Čapek), Genitiv: (českých) bratří (der Böhmischen Brüder), Dativ (českým) bratřím
– **kněz** wird nach muž dekliniert, im Vokativ Singular auch veraltete Form kněže! (neben knězi!) möglich. Im Plural ist im Akkusativ die Form kněze, in den übrigen Kasusformen veralternde Formen: Nominativ und Genitiv: kněží, Dativ kněžím, Präpositiv kněžích, I. kněžími.

Lautveränderungen

– flüchtiges -e- in allen Kasusformen außer dem Nominativ Singular

– bei den Maskulina mit dem Suffix -ek (außer rek, deutsch Recke), -ec: tatínek - tatínka, dědeček – dědečka, chlapec – chlapce, otec – otce, otče!

– bei einigen Substantiven auf -el und -en: Karel – Karla, posel – posla, blázen – blázna, sowie bei einigen anderen Substantiven, wie z. B. pes - psa, lev - lva

– Vokalwechsel -ů-, -o- in allen Kasus außer Nominativ Singular: vůl – vola, kůň – koně

– Konsonantenwechsel im Vokativ Singular:

k – č	beim Substantiv člověk – člověče!
h – ž	beim Substantiv bůh – bože!
r – ř	bei dem Stammauslaut **Konsonant + r**: Pet**r** – Pet**ř**e! mist**r** – mist**ř**e!
c – č	bei dem Stammauslaut -ec : otec – otče! chlapec – chlapče!

– Konsonantenwechsel im Nominativ Plural bei der Endung -i und im Präpositiv Plural, Endung -ích: bei dem Stammauslaut -h, -ch, -k, -g

k – c	žák – žáci, o žácích,
ch – š	hoch – hoši, o hoších
g – z	biolog – biolozi, o biolozích,
h – z	dobrodruh – dobrodruzi, o dobrodruzích

– Konsonantenwechsel im Nominativ Plural bei der Endung -i bei dem Stammauslaut -r, -d, -t, -n:

r – ř	doktor – doktoři,
d – ď	had – hadi,
t – ť	kohout – kohouti,
n – ň	Indián – Indiáni

Kein Konsonantenwechsel im Vokativ bei den Substantiven mit Stammauslaut **Vokal + r**, z. B.: doktor, inženýr, kocour: pane doktore! pane inženýre! kocoure!

20	**Maskulina unbelebt**					
Singular			Plural		
N.	hrad	stroj	N.	hrady	stroje
G.	hrad**u**	stroj**e**	G.	hrad**ů**	stroj**ů**
	lesa				
D.	hrad**u**	stroj**i**	D.	hrad**ům**	stroj**ům**
A.	hrad	stroj	A.	hrad**y**	stroj**e**
V.	hrad**e**!	stroj**i**!	V.	hrad**y**!	stroj**e**!
P.	(o) hrad**u**	stroj**i**	P.	(o) hrad**ech**	stroj**ích**
	(v) *lese*			(v) *lesích*	
				(po) *kouskách*	
I.	hrad**em**	stroj**em**	I.	hrad**y**	stroj**i**

Substantivtypen, die entsprechend den Musterwörtern dekliniert werden:
hrad
– Substantive mit einem harten Stammauslaut, z. B. prach, stan, klid, práh, motor, domek, plot

– Substantive mit einem hartweichen Stammauslaut: les, provaz, strom, sloup

– Substantive mit dem weichen Stammauslaut c (selten, meistens expressive Wörter, z. B. truc, tác, kec)

stroj
– Substantive mit einem hartweichen (nur l, s, z), z. B. cíl, městys, peníz, oder

– Substantive mit einem weichen Stammauslaut, z. B. nůž, plyš, počítač, boj, plášť, stupeň

Endungsvarianten kommen nur bei dem **Musterwort hrad** vor:

-a im Genitiv Singular

– bei den Monatsnamen, z. B. ledna, února

– bei den Namen der Wochentage, z. B. pondělka, zítřka, včerejška

– bei Substantiven (auch Ortsnamen und -bezeichnungen) mit den Suffixen **-ov** und **-ín**, z. B. ostrov – ostrova, domov – domova, mlýn – mlýna, komín – komína, Jičín – Jičína, Pacov – Pacova, sowie bei weiteren häufigen Substantiven, die dem Grundwortschatz angehören, wie z. B. dvůr, chlév, popel, sýr, les, rybník, chléb

-e (-ě) im Präpositiv Singular

haben in der Regel die Substantive, die im Genitiv die Endung **-a** annehmen (vgl. oben), z. B. v rybníce, na dvoře, v lese, sowie einige andere Substantive, vor allem in der Funktion einer Adverbialbestimmung des Raumes oder der Zeit, z. B. hrad, most, rok: na hradě, na mostě, po roce.
Die Wahl der Endung ist regional verschieden: in Mähren wird der Endung **-e** Vorzug gegeben, in Böhmen der Endung **-u**: v ústavě – v ústavu, o jazyce – o jazyku.

-ech/-ích/-ách im Präpositiv Plural

-ích tritt regelmäßig bei Substantiven auf -k, -g, -h, -ch auf, z. B. v jazycích, diftonzích, ve vztazích, v arších.

-ích/-ách bei den Verkleinerungsformen (↗ **14**) auf -ek, -eček, -íček wird häufiger -ách verwendet, wobei die Formen auf -ích schriftsprachlicheren Charakter haben (domkách – domcích, hříbkách – hříbcích).

-ech/-ích nach den hartweichen Konsonanten -l, -s, wird die Endung **-ech** bevorzugt, die Variante auf **-ích** ist schriftsprachlich: hotelech – hotelích, okresech – okresích (bei dem Substantiv les **nur** lesích.)

-ma im Instrumental Plural

wird in der Umgangssprache bevorzugt (hradama, strojema) (vgl. S. 43).

Abweichungen in der Deklination einzelner unbelebter Maskulina
- **den** Genitiv Singular: dne, Dativ + Präpositiv Singular: dni, dnu (aber: ve dne), Nominativ Plural: dni, dny, dnové (poetisch), Genitiv Plural: dní, dnů, Akkusativ Plural: dni, dny, Dativ, Präpositiv, Instrumental Plural nach hrad.
- **kámen** und weitere Substantive diesen Typs: hřeben, ječmen, kmen, kořen, křemen, plamen, pramen, týden; Genitiv Singular kamene, Dativ, Singular kameni, Präpositiv Singular o kameni; im Plural regelmäßige Deklination nach dem Musterwort hrad.
- **loket** Genitiv Singular: lokte, loktu, Dativ Singular lokti, loktu, Präpositiv Singular lokti, loktu, loktě; Genitiv Plural lokte – nur in Verbindung mit Zahlen als Maßeinheit, z. B. pět loket sukna
- **bacil, mikrob** werden nach pán und hrad dekliniert: bacili (páni), auch bacily (hrady)
- **peníz** wird nach stroj dekliniert: peníze (Münzen), penízů, penízi, peníze (Geld) peněz, penězi
- **kužel, plevel, kotel, chmel, uhel, strašpytel, koukol,** werden nach stroj oder hrad dekliniert
- **cíl, hřídel, jetel, pytel, peníz, městys** werden nach stroj dekliniert.
- **rok** wird im wesentlichen nach hrad dekliniert, aber im Präpositiv Singular erscheint die Form roce, die der auch möglichen Form roky vorgezogen wird; die Pluralformen roky, roků usw. werden häufig durch die entsprechenden Formen von léto (léta, let, létům/letům, léta, létech/letech, léty/lety) ersetzt. In einigen Fällen sind nur die Formen von léto möglich: v šedesátých letech, znám Petru už řadu let, v mladých letech. Aber: chlapcovi už jsou dva roky, do roka a do dne.

Lautveränderungen
- Konsonantenwechsel
bei Substantiven auf **-k**:

| k – c | bei **-e/-ě** im Präpositiv Singular und bei **-ích** im Präpositiv Plural jazyk – o jazyce – jazycích |

bei Substantiven auf -d,-t, -n,-r bei der Endung -e/ě im Präpositiv Singular:

r – ř	dvůr – na dvoře,
d – ď	rod (nominales Genus) – v rodě
t – ť	plot – na plotě
n – ň	klín – v klíně, komín – v komíně

bei Substantiven auf -h, -ch, -g bei der Endung -ích im Präpositiv Plural:

h – z	druh – druzích (Sorte)
g – z	ring – rinzích
ch – š	arch – arších

- Flüchtiges **-e-** in allen Kasus außer dem Nominativ Singular bei den Suffixen **-ek, -ec**, sowie bei einigen Substantiven mit den Suffixen **-el, -en, -em, -es, -ev, -et**, z. B.: domek, konec, kašel, pytel, uhel, uzel, účel, úhel, hrozen, sen, den, leden, duben, zájem, oves, ozev, název, šev, ret, loket, nehet, dehet

- Veränderung der Vokalquantität oder -qualität bei einigen Substantiven, z. B.:

á – a	mráz – mrazu
é – e	chléb – chleba
í – ě	sníh – sněhu
ů – o	stůl – stolu

Deklination der Feminina

21 Singular

N.	žena	růže	píseň	kost
G.	ženy	růže	písně	kosti
D.	ženě	růži	písni	kosti
A.	ženu	růži	píseň	kost
V.	ženo!	růže!	písni!	kosti!
P.	(o) ženě	růži	písni	kosti
I.	ženou	růží	písní	kostí

Plural

N.	ženy	růže	písně	kosti
G.	žen	růží	písní	kostí
D.	ženám	růžím	písním	kostem
A.	ženy	růže	písně	kosti
V.	ženy!	růže!	písně!	kosti!
P.	(o) ženách	růžích	písních	kostech
I.	ženami	růžemi	písněmi	kostmi

Substantivtypen, die entsprechend dem Musterwort **žena** dekliniert werden:
– Feminina mit einem harten, hartweichen, bei den Eigennamen auch weichen Konsonanten vor -a, z. B. voda, řeka, maminka, vláda, realita, Jitka, Máňa, Dáša, Jarča.

– Feminina mit den Suffixen: -ka, -čka, -írna, -árna, -bna, -ura, -ita, -ba, -ota
Dies ist ein sehr produktiver Typ, dessen Endungen sich auch bei anderen Typen durchsetzen (hauptsächlich die des Dativ und Präpositiv Plural -ám, -ách).

Lautveränderungen
– Einschub -e- im Genitiv Plural bei Feminina, die auf eine Konsonantengruppe auslauten, z. B.: sestra – sester, dívka – dívek, babička – babiček
– Konsonantenwechsel beim Auslaut -k, -h, -g, -ch, -r, -t, -d, -n im Dativ und Präpositiv Singular:

k – c	maminka – mamince, kočka – kočce
g – z	Olga – Olze
h – z	Praha – Praze
ch – š	střecha – střeše
r – ř	důvěra – důvěře
d – ď	rada – radě
t – ť	pata – patě
n – ň	brána – bráně

– Veränderung der Vokalquantität bzw. -qualität bei zweisilbigen Substantiven mit langem Vokal bzw. Diphthong -ou im Genitiv Plural, z. B. bába – bab, lípa – lip, houba – hub, louka – luk.

– Kürzung des Vokals bei den Substantiven **práce, síla, rána** im Instrumental Singular, sowie im Genitiv, Dativ, Präpositiv und Instrumental Plural, sowie bei dem Substantiv **kráva** in den genannten Kasus im Plural.

Das Substantiv dcera hat im Dativ und Präpositiv Singular die alten Formen: dceři, o dceři. Familiäre Formen der Eigennamen wie Dáša (Dagmar), Růža (Růžena), Máňa (Marie) werden trotz des weichen Stammes wie žena dekliniert, Dáša, Dáši, Dášo! Dášou.

Substantivtypen, die entsprechend dem Musterwort **růže** dekliniert werden:
– Feminina mit den Suffixen -ce, -yně, -ie, -ile/-íle, z. B.: lavice, existence, žákyně chemie, chvíle
– Feminina mit hartweichen oder weichen Konsonanten vor -e/-ě, z. B.: secese, šavle, chvíle, nouze, praxe, kůže, nůše, Libuše, pře, ulice, tradice lóže, země, vůně.

Endungsvarianten

Genitiv Plural endungslos bilden
– Feminina auf -ice, -íce bzw. -ile, -íle, z. B. ulic, lavic, lžic, plic, chvil, košil.
– Entlehnungen auf -ice, z. B.: tradice, das Substantiv ovce, sowie Substantive auf -yně, z. B. žákyně: tradic, ovec, žákyň (in der Regel neben der Endung -í: tradicí, ovcí, žákyní).

Lautveränderungen
– Einschub -e-: ovce -ovec
– Vokalkürzungen im Genitiv Plural, z. B. lžíce – lžic, plíce – plic.

Substantivtypen, die entsprechend dem Musterwort **píseň** dekliniert werden:
– Feminina mit hartweichem Auslaut l, v, z, z. B.: postel, hůl, konev, hráz, mez
– Feminina mit weichem Stammauslaut, z. B.: věž, tyč, tvář, kolej, káď, sít', skříň
– Feminina mit den Suffixen -ež, -áž, z. B.: loupež, mládež, instruktáž, montáž

Substantivtypen, die entsprechend dem Musterwort **kost** dekliniert werden
– Feminina mit dem Konsonantenauslaut -t, z. B. bolest, nit, vlast, smrt
– Feminina mit dem Suffix -ost (Ableitungen von den Adjektiven mit der Bedeutung einer Eigenschaft): radost, spokojenost, hloupost
– Feminina mit einem hartweichen Konsonantenauslaut: b, p, l, s, z, z. B. hloub, otep, mysl, sůl, ves, směs, rez, mosaz
– Feminina mit einem weichen Konsonantenauslaut: ž, š, č, c, t', d', z. B. lež, myš, věc, moc, řeč, pamět', obět', chot', chut', zeď, odpověď

Lautveränderungen
– das -e- vor dem Stammauslaut ist in der Regel flüchtig, z. B.: písně, láhve, obce, vsi, lži, zdi, rzi
– kein flüchtiges -e- bei einigen Substantiven auf -eň, z. B. holeň, zeleň, jeseň, dřeň und -ec, z. B. klec, pec, sowie bei řeč

- Einschub -e- im Instrumental Plural bei lež, rez, ves: lžemi, rzemi, vsemi
- Vokalwechsel -ů- , -o- bei dem Substantiv hůl – hole, sůl – soli
- Veränderung des Stammes bei čest in allen Kasus, z. B.: cti, se ctí.

Bei einigen Substantiven gibt es Schwankungen zwischen píseň und kost, so z. B.:
- nit, čtvrt (ein Viertel), čtvrť (ein Stadtviertel), trať, loď: im Singular nach kost, Nominativ Plural -i oder -e/ě, Dativ, Präpositiv, Instrumental Plural nach píseň: nitím, nitích, nitěmi
- noc, ves: Dativ, Präpositiv, Instrumental Plural nach píseň: nocím, nocích, nocemi, vsím, vsích, vsemi

-ma im Instrumental Plural   (vgl. S. 43)

Deklination der Neutra

22

Singular

N.	město	moře	kuře
G.	města	moře	kuřete
D.	městu	moři	kuřeti
A.	město	moře	kuře
V.	město!	moře!	kuře!
P.	(o) městě	moři	kuřeti
	mužstvu		
I.	městem	mořem	kuřetem

Plural

N.	města	moře	kuřata
G.	měst	moří	kuřat
		bojišť, vajec	
D.	městům	mořím	kuřatům
A.	města	moře	kuřata
V.	města!	moře!	kuřata!
P.	(o) městech	mořích	kuřatech
	hledištích		
	jablkách		
I.	městy	moři	kuřaty

Substantivtypen, die entsprechend dem Musterwort **město** dekliniert werden
- Neutra mit einem harten oder hartweichen Konsonanten vor -o, z. B. plátno, semeno, auto, víko, břicho, kolo, bělmo, maso, tempo, pečivo, družstvo, železo.
- Neutra mit den Suffixen -sko,-stvo, **-cko,** -ctvo, -dlo, -ítko, -átko, -enko, -inko
- Substantivierte Adjektive, z. B. ticho, sucho, volno, dobro
- Entlehnungen, z. B. kino, rádio, metro, bendžo
- Substantive rameno, koleno, ucho, oko in übertragener Bedeutung.

Substantivtypen, die entsprechend dem Musterworter **moře** dekliniert werden:
– Neutra mit einem harten, hartweichen oder weichen Konsonanten vor -e: poledne, pole, nebe, slunce, vejce, moře, lože
– Neutra mit dem Suffix -iště, z. B. staveniště, útočiště
Zu diesem wenig produktiven Deklinationstyp gehören auch die Neutra mit der veralteten Form auf -mě, z. B. plémě, sémě mit der Erweiterung des Stammes zu plemene, semene. Gegenwärtig wird diese Substantivgruppe nur mit dem erweiterten Stamm verwendet: semeno, plemeno und entsprechend dem Musterwort **město** dekliniert.

Substantivtypen, die entsprechend dem Musterwort **kuře** dekliniert werden
– Bezeichnungen junger Lebewesen, z. B. štěně, kotě, medvídě, dítě,

– Bezeichnungen der Adligen und Angehörigen des Hofes, z. B. kníže, hrabě, páže (kníže, hrabě sind im Singular Maskulina, z. B.: **ten** český kníže, českého knížete, im Plural Neutra, z. B.: **ta** česká knížata. Bsp.: Viděli známého německého knížete. Byla tam německá knížata.)

– Bezeichnungen von Gegenständen, Pflanzen, einigen erwachsenen Tieren, z. B. prase, zvíře, koště, poupě, doupě, rajče.

Nach diesem Musterwort werden auch einige Germanismen, (im Deutschen ursprünglich Verkleinerungsformen) dekliniert, die ausschließlich der Umgangssprache angehören. Es sind z.B. šuple, pimprle, paraple. Dal tu knihu do šuplete. Psací stůl má čtyři šuplata.

Anmerkung
Das Substantiv **dítě** wird nur im Singular nach diesem Musterwort dekliniert. Im Plural kommt es zu einer Veränderung des Stammes: **děti**, sowie zur Veränderung des Genus. Das Wort gehört im Plural dem Femininum an (Musterwort kost): děti dětem, dětech, dětmi, z. B. Bylo tam malé dítě. Byly tam malé děti.

23

Singular		Plural	
N.	stavení	N.	stavení
G.	stavení	G.	stavení
D.	stavení	D.	staven**ím**
A.	stavení	A.	stavení
V.	stavení!	V.	stavení!
P.	(o) stavení	P.	(o) staven**ích**
I.	staven**ím**	I.	staven**ími**

Substantivtypen, die nach dem Musterwort **stavení** dekliniert werden:
– Neutra mit einem hartweichen oder weichen Konsonanten vor -í, z. B.: podnebí, polesí, území, kopí, úskalí, rozmezí, odvětví, chvojí, bezpečí, náledí, psaní, pohoří, zátiší, století, nádraží, darunter auch verbale Substantive (mluvení, ponětí).

– Neutra mit dem Suffix -ctví, -ství, z. B.: sobectví, malířství.

– das Substantiv úterý.

Endungen und Endungsvarianten
Musterwort město

-ě/-e im Präpositiv Singular

– bei Substantiven auf -dlo, z.B. o divadle, mýdle,
– bei Raum- und Zeitangaben: na jaře, ve městě, v kině.

-u im Präpositiv Singular

– bei den Kollektiva auf -stvo, z.B. panstvo, úřednictvo: o panstvu, úřednictvu,
– bei den Abstrakta, z.B. o právu, prázdnu, vedru, nitru, chladnu,
– bei einigen Neutra mit den Konsonanten -k, g, -h, -ch, z.B.: o blahu, suchu, na víku, v Kongu.

-ích im Präpositiv Plural

erscheint bei einigen häufigen Abstrakta auf -isko, (středisko, stanovisko) vor: o střediscích.

-ách im Präpositiv Plural

– bei Ortsbezeichnungen auf -isko, z.B.: po hradiskách, strniskách.
– bei den Neutra auf -ko insbesondere bei Deminutivsuffixen (➚ 14), z.B.: tělíčko, děvčátko, dřívko, jablko, lůžko, sowie bei dem Vergrößerungssuffix -isko (psisko).

Musterwort moře

Genitiv Plural endungslos   bilden

– Neutra auf -iště, z.B. bojiště, cvičiště, pracoviště, z.B.: bojišť, cvičišť, pracovišť, sowie das Substantiv vejce: vajec.

Lautveränderungen
Musterwort město
– Konsonantenwechsel bei den Neutra mit harten Konsonanten h, ch, r, t, d, n im Präpositiv Singular vor der Endung -ě/-e, z.B. břicho – na břiše, kino – v kině
– Konsonantenwechsel **k – c** im Präpositiv Plural beim Suffix -isko: stanovisko – stanoviscích
– Einschub **-e-** im Genitiv Plural bei Konsonantengruppen vor dem Auslaut, z.B. umyvadlo, kolečko, stanovisko -umyvadel, koleček, stanovisek.
Musterwort moře
– Veränderung des Stammvokals bei dem Neutrum v**e**jce: v**a**jec.
– Erweiterung des Stammes bei **nebe** im Plural: **nebesa** (Deklination nach město).

Musterwort kuře
– Stammerweiterung durch **-et-** im Genitiv, Dativ und Präpositiv Singular und durch **-at-** in allen Kasus des Plurals.

Musterwort staveni
– Das Neutrum století bildet im Plural die Formen staletí.

-ma im Instrumental Plural
wird in der Umgangssprache bei allen Neutra *(městama, mořema, kuřatama, staveníma) verwendet.* (vgl. S. 43)

Die sogenannten Dualformen

Bei den Bezeichnungen für einige paarweise vorkommende Körperteile von Menschen und Tieren wie oko (Auge), ucho (Ohr), ruka (Arm), noha (Bein, Fuß), prsa (Brust), rameno (Schulter), koleno (Knie) haben sich in einigen Kasus des Plurals die Formen des sogenannten Duals erhalten.

24

N.	noh**y**	ruc**e**	ramen**a**	kolen**a**	prs**a**	oč**i**	uš**i**
G.	noh**ou**	ruk**ou**	ramen**ou**	kolen**ou**	prs**ou**	oč**í**	uš**í**
D.	noh**ám**	ruk**ám**	ramen**ům**	kolen**ům**	prs**ům**	oč**ím**	uš**ím**
A.	noh**y**	ruc**e**	ramen**a**	kolen**a**	prs**a**	oč**i**	uš**i**
V.	noh**y**!	ruc**e**!	ramen**a**!	kolen**a**!	prs**a**!	oč**i**!	uš**i**!
P.	(o) noh**ou**	ruk**ou**	ramen**ou**	kolen**ou**	prs**ou**	oč**ích**	uš**ích**
I.	noh**ama**	ruk**ama**	ramen**y**	kolen**y**	prs**y**	oč**ima**	uš**ima**

Vor allem im Genitiv und Präpositiv werden regelmäßige Formen bei einigen dieser Substantive toleriert, z. B.:
– Genitiv: ramen, kolen
– Präpositiv: nohách, rukách, ramenech, kolenech

Adjektive, Pronomina und Numeralia, die als kongruierendes Attribut zu ruka, noha, oko, ucho auftreten, nehmen im Instrumental Plural die Endung **-ma** an: chlapec s velkýma rukama, žena se štíhlýma nohama, mezi čtyřma očima, s těma jeho modrýma očima, zvíře s velkýma ušima.

Bei Verkleinerungsformen, die von diesen Substantiven abgeleitet sind, lautet der Instrumental ebenfalls auf **-ma** aus: ručka – ručkama, ručička – ručičkama, nožka – nožkama, nožička – nožičkama.

Deklination der Pluraliatantum (↗ 17)

25 Die Gattungsnamen werden regelmäßig nach den entsprechenden Musterwörtern dekliniert:
– Maskulina, wie z. B. tepláky, spodky nach **hrad**
– Feminina, wie z. B. varhany, plavky, kalhoty, holínky, necky, nůžky, sáňky, noviny, hodiny, vdavky, zásnuby, námluvy, volby, váhy nach **žena**
kleště, hrábě, housle, dveře, kvasnice nach **růže**
– Neutra, wie z. B. vrata, povidla, bradla, madla, kamna, ústa, kasárna nach **město**.

In der Deklination der **Ortsnamen** gibt es einige Abweichungen gegenüber der regelmäßigen Deklination:

Maskulina   Musterwort hrad

– Ortsnamen wie z. B. Hradčany, Vinohrady, Drážďany, Vysočany, Olšany, Modřany, Komořany, Sedlčany bilden den Genitiv Plural endungslos, z. B.:

N.	Hradčan**y**
G.	Hradčan
D.	Hradčan**ům**
A.	Hradčan**y**
P.	(o) Hradčan**ech**
I.	Hradčan**y**

– Karlovy Vary: Genitiv Karlových Varů oder Karlových Var

– Ortsnamen auf -ly, -sy, -zy, wie z. B. Neumětely, Kobylisy, Hrdlořezy haben im Präpositiv Plural die Endung -ích: v Neumětelích, Kobylisích, Hrdlořezích

Feminina   Musterwort žena

– Ortsnamen auf **-ky**, z. B. Benátky, Helsinky, sowie einige andere wie Čechy, Kralupy werden regelmäßig dekliniert.

Feminina   Musterwort růže

– Ortsnamen auf **-ice**, z. B. Dejvice, Teplice, Budějovice können im Dativ außer der regelmäßigen Endung -ím auch die Endung -ům annehmen, z. B.: k Budějovicům

Die Bezeichnungen der Feste Vánoce und Velikonoce sind Feminina mit folgender Deklination:

N.	Vánoc**e**		N.	Velikonoc**e**
G.	Vánoc		G.	Velikonoc
D.	Vánoc**ům**		D.	Velikonoc**ům**
A.	Vánoc**e**		A.	Velikonoc**e**
P.	(o) Vánoc**ích**		P.	(o) Velikonoc**ích**
I.	Vánoc**emi**/Vánoc**i**		I.	Velikonoc**emi**/Velikonoc**i**

Deklination entlehnter Substantive lateinischen und griechischen Ursprungs

– mit den Suffixen -us, -os, -on, -ea, -ma, -um

26 Maskulina   Substantive auf **-us**, **-os**, **-on** werden entsprechend den Musterwörtern pán und hrad in zwei Varianten dekliniert:

– es kommen zum Suffix maskuline Endungen hinzu:
cirkus – cirkusu, luxus – luxusu, stadion – stadionu oder

– die Suffixe -**us**, -**os**, -**on** entfallen in allen Kasus außer Nominativ (bei Maskulina unbelebt auch Akkusativ) Singular: vırus – viru, Ovidius – Ovidia, Herodotos – Herodota, epiteton – epiteta.

Feminina   Deklination der Substantive mit dem Suffix -**ea**: z. B.: orchidea, odysea

Singular		Plural	
N.	id**ea**	N.	id**eje** /id**ey**
G.	id**eje** /id**ey**	G.	id**ejí**
D.	id**eji**	D.	id**ejím** /id**eám**
A.	id**eu**	A.	id**eje** /id**ey**
P.	(o) id**eji**	P.	(o) id**ejích** /id**eách**
I.	id**ejí** /id**eou**	I.	id**ejemi**/id**eami**

Neutra   Deklination der Substantive mit dem Suffix -**ma**, z. B.: dogma, schéma

Singular		Plural	
N.	tém**a**	N.	tém**ata**
G.	tém**atu**	G.	tém**at**
D.	tém**atu**	D.	tém**atům**
A.	tém**a**	A.	tém**ata**
P.	(o) tém**atu**	P.	(o) tém**atech**
I.	tém**atem**	I.	tém**aty**

Deklination der Substantive mit dem Suffix -**um**, z. B.: muzeum, stadium, individium

Singular		Plural	
N.	muze**um**	N.	muze**a**
G.	muze**a**	G.	muze**í**
D.	muze**u**	D.	muze**ím**
A.	muze**um**	A.	muze**a**
P.	(o) muze**u**	P.	(o) muze**ích**
I.	muze**em**	I.	muze**i**

27 Zusammenfassendes zur Deklination der Vor- und Familiennamen

– Die Vor- und Familiennamen werden grundsätzlich entsprechend ihrem Auslaut deklinert. Adjektivisch auslautende Familiennamen wie Novotný, Novotná sowie die weiblichen Formen der Familiennamen auf -ová werden adjektivisch dekliniert.

– Bei männlichen Familiennamen, denen gleichlautende Gattungsnamen gegenüberstehen, kann die Deklination abweichen, z. b. Mráz, Mráze gegenüber mráz, mrazu, Suk, Suka gegenüber suk, suku (↗ **19, 20**).

– Männliche Familiennamen wie Dítě, Hrabě werden entweder wie **soudce** (Genitiv Dítě, Hrabě) oder wie **kuře** (Genitiv Dítěte, Hraběte) dekliniert.

– Männliche Familiennamen auf -o wie Stýblo, Janko werden wie **pán** dekliniert (Genitiv Stýbla, Janka).

– Die Deklination der männlichen Vor- und Familiennamen mit dem Auslaut -s, z. B. Halas, Alois ist in der Regel entsprechend dem Musterwort **muž**.

– Die Substantive, die in der geschriebenen Form auf einen Vokal auslauten, jedoch konsonantisch ausgesprochen werden, werden der Aussprache nach zugeordnet, z. B. Ampère, Bonaparte werden nach **pán** dekliniert.
Ähnlich werden Substantive zugeordnet, die auf einen Konsanten auslauten, der nicht ausgespochen wird, z. B. Dumas, Genitiv Dumase, Marat – Marata.

– Eigennamen deutschen Ursprungs auf -er oder -el (Fischer, Hegel) behalten in der Regel den Vokal -e auch in allen übrigen Kasus. Überwiegt im Nominativ die Aussprache ohne -e, wird dieses -e auch in anderen Kasus ausgelassen, z. B. Winter – Wintra, Wolker – Wolkera/Wolkra. Dies geschieht dann, wenn die Träger dieser Namen Tschechen sind.

– Slawische Namen wie Tolstoj, Gorkij, Krasicki werden im Tschechischen adjektivisch dekliniert: Genitiv Singular: Tolstého, Gorkého, Krasického.

– Entlehnungen, die auf einen Vokal auslauten, werden bei Maskulina den vokalisch auslautenden Deklinationstypen zugeordnet. Bei Personennamen überwiegt das Kriterium der Genuszugehörigkeit, z. B. wird Oto nach **předseda** dekliniert, Marco, Hugo, Ševčenko, Goethe, Dante, Nicolescu nach **pán**, Nietsche nach **soudce**. Namen auf -i, -y oder -é behalten die volle Form des Stammes, zu dem die adjektivischen Endungen hinzukommen: Verdi, Verdiho, Verdimu, Verdiho, o Verdim, Verdim. Genauso werden Namen wie Togliatti, Škultéty, Alighieri, Bondy, René, Linné dekliniert.

– Für die Bezeichnung der gesamten Familie verwendet man bei substantivischen Nachnamen die Formen des Possessivadjektivs nach dem Musterwort **otcův** (↗ **31**), für offizielle Anlässe: „Rodina Nováková", sonst die Pluralform -ovi, z. B. Novákovi, *Novákovic*, deutsch (die) Nováks. Im Genitiv und Dativ werden eher substantivische Formen gebraucht: u Nováků, k Novákům.
Bei den adjektivischen Nachnamen verwendet man im Nominativ die Form des Genitivs Plural „Rodina Černých", „Černých", in anderen Kasus wird der Nachname regelmäßig dekliniert. Bei den Wortgruppen: manželé Novákovi, sourozenci Romanovi, sestry Polákovy, gibt es Kongruenz im Genus.

Das Adjektiv

Adjektive bezeichnen Merkmale oder Eigenschaften von Substantiven. Sie verfügen über zweierlei Flexion: die Deklination und die Komparation.
Die Adjektive richten sich in Genus, Numerus und Kasus nach dem Substantiv, auf das sie sich beziehen. Im Tschechischen besteht diese Kongruenz sowohl in der attributiven Position (↗ 78), z. B.

veselý člověk, humorná historka, příjemní lidé
als auch im nominalen Prädikat (↗ 76), z. B.
Ten člověk je veselý. Ta historka byla humorná. Ti lidé jsou příjemní.

Zur Klassifizierung der Adjektive

Nach der Art des Merkmals unterscheidet man:
Qualitätsadjektive, die in der Regel steigerungsfähige Eigenschaften ausdrücken, z. B.:
   dobrý, zajímavý, zvědavý, travnatý, líbivý.

Beziehungsadjektive, z. B.:
   finanční (Finanz~, finanziell), státní (Staats~, staatlich),
   letní (Sommer~, sommerlich), psací (Schreib~), mycí (Wasch~)
Da die Beziehungsadjektive lediglich eine Beziehung zu einem Begriff, aber nicht die sich daraus ergebende Qualität ausdrücken, sind sie nicht steigerungsfähig.
Viele tschechische Beziehungsadjektive entsprechen dem Bestimmungswort der deutschen Komposita, z. B.:
   státní správa – Staatsverwaltung.

Besondere Gruppen bilden:
Possessivadjektive (↗ 31), die ein Besitzverhältnis oder die Zugehörigkeit zu einer Person ausdrücken, z. B.:
   otcův (des Vaters, Vaters), matčin (der Mutter, Mutters)
Sie sind nicht steigerungsfähig.

Verbaladjektive, die ein mit der Tätigkeit/Handlung verbundenes Merkmal bezeichnen (↗ 64), z. B.:
   zpívající (singend), mluvící (sprechend), došlý (eingegangen), uplynulý (vergangen), stálý (ständig), podepsaný (unterschrieben), odevzdaný (abgegeben).
Sie sind nicht steigerungsfähig.

Adjektivadverbien (↗ 32), die sich zwischen der Wortart Adjektiv und Adverb befinden, z. B.:
   rovně, dobře, stále.
Im Tschechischen werden sie dem Adverb zugeordnet. Sie besitzen sowohl wesentliche Eigenschaften des Adjektivs als auch die des Adverbs. Sie werden von Adjek-

tiven gebildet und weisen in der Komparation viele Gemeinsamkeiten mit dem Adjektiv auf. Die Bildung und die Komparation der Adjektivadverbien wird daher im Abschnitt Adjektiv, die mit dem Adverb übereinstimmenden Eigenschaften hingegen im Abschnitt Adverb behandelt.

Negation

Qualitäts- und Verbaladjektive, sowie die Adjektivadverbien werden mit Hilfe des Präfixes **ne**- negiert, z. B.

nehezký, **ne**mluvící, **ne**moderně; nej**ne**modernější, nej**ne**pořádnější

die Beziehungs- und Possessivadjektive werden durch Satzverneinung negiert, z. B.

To **není** bankovní úředník. (Das ist kein Bankangestellter.)
Ta kniha **není** otcova. (Das Buch gehört nicht dem Vater. *… ist nicht Vaters.)

Die Deklination der Adjektive

Nach der Form und der Art der Deklination kann man unterscheiden:
– lange Adjektive, z. B. spokojený, jarní
– kurze Adjektive, z. B. spokojen
– Possessivadjektive, z. B. otcův, matčin.

Die Deklination langer Adjektive

Entsprechend dem Auslaut unterscheidet man
– harte Adjektive, mit einem harten oder hartweichen Konsonanten vor dem Suffix

-ý, -á, -é   z. B. malý, -á, -é; krásný,-á, -é; zajímavý, -á, -é

– weiche Adjektive, mit einem weichen oder in Einzelfällen auch hartweichen Konsonanten vor dem Suffix

-í   z. B. jarní, cizí, budoucí.

Die Deklination harter Adjektive

Singular			
	Maskulinum belebt/unbelebt	Neutrum	Femininum
N.	mladý	mladé	mladá
G.	mlad**ého**	mlad**ého**	mlad**é**
D.	mlad**ému**	mlad**ému**	mlad**é**
A.	mlad**ého**/mlad**ý**	mlad**é**	mlad**ou**
P.	(o) mlad**ém**	mlad**ém**	mlad**é**
I.	mlad**ým**	mlad**ým**	mlad**ou**

Plural

	Maskulinum belebt/unbelebt	Neutrum	Femininum
N.	mladí/mladé	mladá	mladé
G.	mladých	mladých	mladých
D.	mladým	mladým	mladým
A.	mladé	mladá	mladé
P.	(o) mladých	mladých	mladých
I.	mladými	mladými	mladými

Lautveränderungen
In der Deklination des harten Typs kommt es im Nominativ Plural bei den belebten Maskulina zum Konsonantenwechsel:

ch – š	hluchý – hluší	n – ň	svobodný – svobodní
k – c	velký – velcí	r – ř	dobrý – dobří
h – z	nahý – nazí	ck – čt'	anglický – angličtí
t – t'	tlustý – tlustí	sk – št'	pražský – pražští
d – ď	mladý – mladí		

Die Deklination weicher Adjektive

29

Singular				Plural	
	Maskulinum belebt/unbelebt	Neutrum	Femininum		alle Genera
N.	jarní	jarní	jarní	N.	jarní
G.	jarního	jarního	jarní	G.	jarních
D.	jarnímu	jarnímu	jarní	D.	jarním
A.	jarního/jarní	jarní	jarní	A.	jarní
P.	(o) jarním	jarním	jarní	P.	(o) jarních
I.	jarním	jarním	jarní	I.	jarními

Anmerkung
In Verbindung mit den Dualformen (↗ **24**) nimmt das Adjektiv im Instrumental Plural die Dualendung -a an, z. B.:

silnýma rukama, cizíma očima.

Die Deklination kurzer Adjektive

30 Die langen Formen des Adjektivs sind produktiv, sie werden sowohl in attributiver als auch in prädikativer Funktion verwendet. Die kurzen Adjektive sind nicht mehr produktiv.

Kurze und lange Adjektivformen im Vergleich

	Maskulinum belebt/unbelebt	Femininum	Neutrum
Nominativ Singular			
lang	spokojený	spokojená	spokojené
kurz	spokojen	spokojena	spokojeno
Nominativ Plural			
lang	spokojení/spokojené	spokojené	spokojená
kurz	spokojeni/spokojeny	spokojeny	spokojena

Die Deklination kurzer Adjektive beschränkt sich auf den Nominativ (vgl. oben) und den Akkusativ:

	Maskulinum belebt/unbelebt	Femininum	Neutrum
Akkusativ Singular	spokojena/spokojen	spokojenu	spokojeno
Akkusativ Plural	spokojeny	spokojeny	spokojena

Die Formen des Akkusativs sind archaisch und finden sich nur noch in alten Texten: Našel **ji šťastnu**. (Er traf sie glücklich an.)

Kurze Adjektive treten gegenwärtig nur in prädikativen Funktionen und nur in der Schriftsprache auf, z. B.:

jsem spokojen; byl si tím jist; je unaven, nemocen, zdráv; není přítomen; jsem nadšen; je mu dlužen.

In der Umgangssprache wurden sie (außer in festen Wendungen) vollständig von den langen Formen verdrängt. Überreste der deklinierten Formen in der attributiven Funktion finden sich nur noch in einigen wenigen Wendungen, z. B.:

z plna hrdla (aus vollem Halse), z čista jasna (aus heiterem Himmel) oder in Adverbien: zkrátka, ze široka, z hluboka.

Einige kurze Adjektive im Neutrum sind zu Adjektivadverbien erstarrt. Sie werden prädikativ verwendet, z. B.:

Je tam horko. Je nám teplo.

Anmerkung zu einzelnen kurzen Adjektiven
rád (froh, gern) existiert nur in der kurzen Form und wird prädikativ oder adverbial verwendet (vgl. auch prädikatives Attribut), z. B.:

Jsme rádi, že vás vidíme. (Wir sind froh, Sie zu sehen.)
Má ho velice ráda. (Sie hat ihn sehr lieb.) Rád ti pomohu. (Ich helfe dir gern.)

sám (allein, selbst) wird prädikativ oder als prädikatives Attribut verwendet, z. B.:

Jsme tu sami. (Wir sind hier allein.) Přišel sám. (Er kam allein.)
Udělám to sám. (Ich mache es allein/selbst.)

Die Deklination der Possessivadjektive

Die Possessivadjektive eignen **einer einzelnen Person** etwas Konkretes oder Abstraktes zu. Sie werden abgeleitet von nicht erweiterten, im Singular stehenden Personenbezeichnungen des
- Maskulinums (nur substantivische Deklinationstypen) mit dem Suffix **-ův**
- Femininums (nur substantivische Deklinationstypen) mit dem Suffix **-in**

In allen anderen Fällen wird der Genitiv verwendet, z. B.:

úsměv paní pokladní; ulice Boženy Němcové; na účet volaného; rady otců

Die Suffixe -ův und -in nehmen entsprechend dem Genus und Numerus der dem Possessivadjektiv zugeordneten Substantive unterschiedliche Formen an, z. B.:

otc**ův** přítel/dopis   otc**ova** kniha   otc**ovo** pero
matč**in** kolega/byt   matč**ina** rada   matč**ino** pohlazení

31

Singular

	Maskulinum belebt/unbelebt	Femininum	Neutrum
N.	otcův / matčin	otcova / matčina	otcovo / matčino
G.	otcova / matčina	otcovy / matčiny	otcova / matčina
D.	otcovu / matčinu	otcově / matčině	otcovu / matčinu
A.	otcova/ otcův, matčina/ matčin	otcovu / matčinu	otcovo / matčino
P.	(o) otcově / matčině (o) otcovu / matčinu	otcově / matčině	otcově / matčině otcovu / matčinu
I.	otcovým / matčiným	otcovou / matčinou	otcovým / matčiným

Plural

	Maskulinum belebt/unbelebt	Femininum	Neutrum
N.	otcovi/otcovy matčini/matčiny	otcovy matčiny	otcova matčina
G.	otcových, matčiných	otcových, matčiných	otcových, matčiných
D.	otcovým, matčiným	otcovým, matčiným	otcovým, matčiným
A.	otcovy, matčiny	otcovy, matčiny	otcova, matčina
P.	(o) otcových, matčiných	otcových, matčiných	otcových, matčiných
I.	otcovými, matčinými	otcovými, matčinými	otcovými, matčinými

Im Präpositiv Singular Maskulinum und Neutrum können beide angeführten Formen verwendet werden, z. B.:

o otcově/otcovu příteli, o matčině/matčinu stanovisku.

In Verbindung mit dem Instrumental der Substantive, die Dualformen (➚ 24) bilden, nimmt das Possessivadjektiv die Dualendung -a an, z. B.:

otcovýma rukama, matčinýma očima.

Lautveränderungen
– flüchtiges -e- beim Suffix -ův, z. B. otec, Pavel, herec – otcův, Pavlův, hercův;
– Konsonantenwechsel beim Suffix -in, z. B.:

k – č	matk-a	matč-in	d – ď	Líd-a	Líd-in [Líďin]
t – ť	tet-a	tet-in [teťin]	g – ž	Olg-a	Olž-in
n – ň	Han-a	Han-in [Haňin]	r – ř	sestr-a	sestř-in

Zum Gebrauch der Possessivadjektive
Die sprachliche Norm verlangt Possessivadjektive in geographischen Bezeichnungen, in Namen von Werken und Institutionen, in der Terminologie, z. B.:

Karlovo náměstí, Jiráskova ulice, Mánesův most, Havlíčkův Brod, Máchovo jezero, Čertova stěna, Lovcovy zápisky, Univerzita Karlova, Sukovo trio, Smetanovo divadlo, Haškova Lipnice, Purkyňova vlákénka na srdci.

Zur Bezeichnung des Urhebers werden Possessivadjektive vor allem in der Schriftsprache verwendet, z. B.:

Smetanova hudba, Dvořákovy Slovanské tance, Formanovy filmy.

Bei Verwandtschaftsbezeichnungen, sowie bei Vornamen (vor allem männlichen), z. B.:

tátovy boty, maminčina taška, strýčkovo auto, Alešův pes, Jitčiny dorty

werden Possessivadjektive in Schrift- und Umgangssprache bevorzugt verwendet.

Konstruktionen mit dem Possessivadjektiv werden in vielen Fällen allmählich von Genitivkonstruktionen des Substantivs verdrängt. Das läßt sich vor allem bei Gattungsnamen beobachten, z. B.:

učitelův názor – názor učitele, prodavaččina rada – rada prodavačky.

Die Adjektivadverbien

2 Die Adjektivadverbien werden von Adjektiven wie folgt gebildet:
– das harte Suffix -ý (➚ 28) wird ersetzt durch   -e/ě, -y, -o

– das weiche Suffix -í (➚ 29) wird ersetzt durch   -e/ě

Das Suffix -u beim Adjektivadverb pomalu (Adjektiv pomalý) ist eine Ausnahme.

Die einzelnen Suffixe treten auf:

-e — bei harten und weichen Adjektiven mit Stammauslaut auf -l,-s,-z, z.B.:
veselý – vesele, cizí – cize, kusý – kuse

— bei harten Adjektiven mit dem Stammauslaut auf -h, -ch, -k, -r mit folgendem Konsonantenwechsel:

h – z   ubohý – uboze
ch – š suchý – suše
k – c   lehký – lehce
r – ř   chytrý – chytře

-ě — bei harten Adjektiven mit Stammauslaut auf -t, -d, -n, -b, -p, -v, -m, z.B.: společný – společně, slepý – slepě, tvrdý – tvrdě, slabý – slabě, krutý – krutě, stříd-mý – střídmě, nový – nově

— bei weichen Adjektiven mit dem Stammauslaut -n, z.B.: denní – denně, sportovní – sportovně, služební – služebně, slavnostní – slavnostně

-y bei Adjektiven auf -cký, -ský, -zký, z.B.:
technický – technicky, český – česky, hezký – hezky

-o — bei den Verkleinerungssuffixen des Adjektivs, z.B. -oučko, -ičko, -ounko, -inko: malinko, maličko, slabounko, teploučko; seltener bei anderen Adjektiven, z.B.: častý – často

— parallel zu den Suffixen -e/-ě, z.B.:

veselý: veselo/vesele   smutný: smutno/smutně
blízký: blízko/blízce   daleký: daleko/dalece
dlouhý: dlouho/dlouze   hluboký: hluboko/hluboce
široký: široko/široce   chladný: chladno/chladně

Die Formen auf -e/-ě und -o unterscheiden sich wie folgt:
— die Adverbien auf -e/-ě besitzen oft eine übertragene, die auf -o eine direkte Bedeutung, z.B.:

direkte Bedeutung	übertragene Bedeutung
bydlí blízko	jsou blízce (eng) příbuzní
je to daleko	tak dalece (insofern) tomu rozumím
rána šla hluboko	hluboce mne zklamal
venku je chladno	rozloučil se s námi chladně
leží to moc vysoko	vysoce (sehr) výkonný stroj
je tu čisto	je to čistě (rein) osobní záležitost

— die Formen auf -e/-ě werden als adverbiale Bestimmungen gebraucht,
— die Formen auf -o werden im nominalen Prädikat (➚ 77) verwendet.

Nicht alle Adjektivadverbien bilden die Formen auf -o. In diesem Falle verwendet man die Formen auf -e/-ě, bzw. -y sowohl adverbial als auch prädikativ.

Funktionen des Adjektivs und Adjektivadverbs

Adjektiv	Adjektivadverb	
Attributiv oder nominales Prädikat	adverbiale Bestimmung	nominales Prädikat
veselý	vesele	veselo
Jaký je student? Student je veselý.	Jak se směje? Vesele se směje.	Jak je nám? Jak je tu? Je nám veselo. Je tu veselo
Dívka je hezká. Je příjemné počasí.	Hezky se směje. Příjemně se tváří.	Je tu hezky. Je tam příjemně.

Die Komparation der Adjektive und Adjektivadverbien

33 Die Steigerungsformen, d.h. Komparativ- und Superlativformen können in der Regel nur von Qualitätsadjektiven und -adjektivadverbien gebildet werden.

Der Komparativ der Adjektive

Der Komparativ wird in der Regel mit Hilfe der Sufixe   -ší, -ejší/-ější, -í

die an den Adjektivstamm angefügt werden, gebildet.
Hierbei kann es zu Lautveränderungen kommen.

  -ší   kommt vor bei Adjektiven:

– mit Stammauslaut -t, -d, -b, -r, z. B.: tlust-ý – tlust-ší, chud-ý – chud-ší, slab-ý – slab-ší, star-ý – star-ší

– mit Stammauslaut -h, -ch (mit Konsonantenwechsel), z.B.:

  h – ž   drah-ý – draž-ší   ch – š   tich-ý – tiš-ší

– mit dem Auslaut Konsonant + k (Reduzierung des Stammes, evtl. Konsonantenwechsel und Vokalkürzung), z.B.: hladk-ý – hlad-ší, těžk-ý – těž-ší, úzk-ý – už-ší

– mit dem Auslaut Konsonant + -ok oder -ek, mit folgenden Lautveränderungen:

  -ok/-ek   (Reduzierung des Stammes), z.B.:
            hlubok-ý – hlub-ší, dalek-ý – dal-ší, vysok-ý – vyš-ší

  -ejší   tritt auf bei Adjektiven:

– mit dem Auslaut -l, -s, -z, z. B.: tepl-ý – tepl-ejší, ryz-í – ryz-ejší, kus-ý – kus-ejší

– mit dem Auslaut -h, -r (selten und mit Konsonantenwechsel), z. B.:

  h – ž   uboh-ý – ubož-ejší   r – ř   chytr-ý – chytř-ejší

-ější	nehmen Adjektive mit dem Stammauslaut -t, -n, -p, -v an, z. B.: krut-ý – krut-ější, jemn-ý – jemn-ější, tup-ý – tup-ější, nov-ý – nov-ější.
-í	kommt bei Adjektiven auf -ký vor (nicht jedoch in den bereits angeführten Fällen) mit folgendem Konsonantenwechsel:
k – č	mělk-ý – mělč-í, měkk-ý – měkč-í, trpk-ý – trpč-í, hebk-ý – hebč-í.

Einige Adjektive bilden **suppletive** Komparativformen, z.B.: malý – menší, dobrý – lepší, zlý – horší, velký – větší, dlouhý – delší.

Das Adjektiv snadný bildet den Komparativ snazší (schriftsprachlich) neben snadnější.
Von einigen Qualitätsadjektiven, so z. B. von horký werden keine Steigerungsformen gebildet.

Der Komparativ der Adjektivadverbien

Der Komparativ der Adjektivadverbien wird mit Hilfe der Suffixe **-eji/-ěji** oder **-e** gebildet. Das Suffix -eji/-ěji ist die Regel bei den Adjektivadverbien, die von Adjektiven mit einem Komparativ auf **-ější/ější** oder **-í** abgeleitet sind, seltener kommt es auch bei Ableitungen von Adjektiven mit dem Komparativsuffix **-ší** vor.
Das Suffix **-e/Stammauslaut** tritt nur bei Adverbien auf, die von Adjektiven mit dem Komparativ auf **-ší** abgeleitet sind.

Suffix -eji/ěji		
Positiv des Adverbs	Komparativ des Adjektivs	Komparativ des Adverbs
podrobně	podrobnější	podrobněji
vesele	veselejší	veseleji
chytře	chytřejší	chytřeji
kamarádsky	kamarádštější	kamarádštěji
měkce	měkčí	měkčeji
lehce	lehčí	lehčeji
tlustě	tlustší	tlustěji
krátce	kratší	kratčeji

Suffix -e/Stammauslaut		
Positiv des Adverbs	Komparativ des Adjektivs	Komparativ des Adverbs
úzko	užší	úže
vysoko	vyšší	výš/výše
blízko	bližší	blíž/blíže
draho	dražší	dráž/dráže
těžko/těžce	těžší	tíž/tíže
snadno	snazší/snadnější	snáz/-e/snadněji
daleko	další	dál/dále

Die Varianten auf **-e** výše, blíže, dále sind schriftsprachlich oder an feste Wendungen gebunden, z. B.: atd. – a tak dále (usw.); Dále! (Herein!)

Lautveränderungen
- Verlängerung des Vokals, z.B. draho: dráž/dráže
- Veränderung des Stammes, z.B. hluboko: hloubĕji

Anmerkungen
Suppletive Komparativformen haben z.B. die Adjektivadverbien:
dobře – lépe, zle/špatnĕ – hůř/-e, málo – ménĕ, mnoho – víc/-e, dlouho – déle, brzy – dřív/-e

Das kurze Adjektiv **rád** hat folgende Komparativformen: radĕji/radši, z.B.: Radši půjdu spát. (Ich gehe lieber schlafen.) Já bych chtĕl jít radĕji do divadla. (Ich würde lieber ins Theater gehen.)

In der Umgangssprache werden die Formen líp, míň, dýl anstelle von lépe, ménĕ, déle verwendet, z.B.
   To se mi líbí ještĕ míň. Takhle to trvá ještĕ dýl.
sowie die Suffixe -ej oder -ejc anstelle von -eji, z.B.:
   Jed' pomalej! Dostaneš to tam levnĕjc. Nemůžete jet rychlejc?

Der Superlativ

Der Superlativ der Adjektive und Adjektivadverbien wird aus der Komparativform durch das Voranstellen des Präfixes **nej-** gebildet, z.B.:
nejlehčí – **nej**lehčeji, **nej**veselejší – **nej**veseleji, **nej**častĕjší – **nej**častĕji, **nej**vyšší – **nej**výše/**nej**výš.

Anmerkungen zu einzelnen Adjektiven bzw. Adjektivadverbien
– daleký/daleko: das Adjektiv bildet nur den Komparativ, das Adjektivadverb daleko bildet beide Steigerungsformen: daleký – další, daleko – dále – nejdále
– hezky: von dem Adjektivadverb hezky werden keine Steigerungsformen gebildet

Umschriebene Komparativ- und Superlativformen

Bei einigen, oft den entlehnten und zusammengesetzten, vielsilbigen Adjektiven wie z.B.: efektivní, pravdĕpodobný, zavrženíhodný (verwerflich), werden Komparativ- und Superlativformen mit Hilfe von Adverbien více – nejvíce, silnĕji – nejsilnĕji, nadmíru u.ä. gebildet, z.B.:
   více žádoucí, nejvíce efektivní, nejvíce pravdĕpodobný, nadmíru zavrženíhodný.

Bei den vielsilbigen Wörtern liegt der Grund in der Meidung überlanger Wörter im Tschechischen (nejzavrženíhodnĕjší).
Die Formen mit **více** kennzeichnen außerdem oft eine stärkere Hervorhebung, z.B.:
   Ten človĕk se zdá být nejvíce podezřelý ze všech.

Der relative und der absolute Gebrauch der Komparation

Der Komparativ und der Superlativ werden sowohl relativ (zum direkten Vergleich der Träger des Merkmals) als auch absolut (zur Verstärkung oder Abschwächung eines Merkmals) gebraucht.

Der relative Gebrauch der Komparation

> Positiv + jako + Substantiv/Pronomen im Nominativ

(stejně) velký + jako + Jirka/já; Milan je velký jako já.
(stejně) rychle + jako + Petr/on; Běhá stejně rychle jako Petr.

> Komparativ + než + Substantiv/Pronomen im Nominativ

větší + než + Petr/on; Radek je větší než Petr.
rychleji + než+ Petr/on; Běhá rychleji než Petr.

> Superlativ + z/ze + Substantiv/Pronomen im Genitiv

největší + z/ze + třídy/nich; Radek je největší ze třídy/z nich.
nejrychleji + z/ze + třídy/všech; Běžel nejrychleji ze všech.

Die absolute Verwendung der Komparativ- und Superlativformen

Der Komparativ bringt absolut verwendet keine Steigerung des Merkmals, sondern eine Abschwächung des antonymen Merkmals zum Ausdruck:
> Vezmi si na sebe něco teplejšího [něco, co není tak lehké].
> (Ziehe etwas Wärmeres an [d. h. etwas, was nicht so leicht ist]).
> Nemáte něco levnějšího [něco, co není tak drahé]?
> (Haben Sie nicht etwas Billigeres [etwas, was nicht so teuer ist]?)

In festen Wendungen wird manchmal der Komparativ absolut verwendet, z. B.:
> dát něco k lepšímu (etwas zum besten geben)

Der Superlativ drückt (als sogenannter Elativ) ein sehr hohes Maß einer Eigenschaft oder Qualität aus, z. B.:
> při nejlepší vůli (beim besten Willen), je nejvyšší čas (es ist höchste Zeit),
> bude to trvat nejvýše hodinu (es wird höchstens eine Stunde dauern).

Weitere Konstruktionen mit Steigerungsformen

Die Steigerungsformen werden außerdem verwendet:
– zur Realisierung einer proportionalen Beziehung (↗ 83)

> Čím – tím + Komparativ

Čím slabší je to lano, tím větší je pravděpodobnost, že se přetrhne.
(Je dünner das Seil ist, desto größer ist die Wahrscheinlichkeit, daß es reißt.)
Čím pečlivěji to vypracuješ, tím spokojenější budeš s výsledkem.
(Je sorgfältiger du es erarbeitest, desto zufriedener wirst du mit dem Ergebnis sein.)

– zur Gradation einer Eigenschaft mit Hilfe der Verbindungen

> stále/pořád; čím dál (tím) + Komparativ

Je stále větší a větší. (Er wird immer größer.)

Je to pořád horší a horší. (Es wird immer schlimmer.)
Je čím dál (tím) mrzutější. (Er wird immer mürrischer.)

– zum Ausdruck großer Intensität eines Merkmals mit Hilfe der Konstruktion

co / co možná + Superlativ

Napište nám co (možná) nejdříve. (so bald wie möglich/möglichst bald)
Udělej to co nejrychleji.
Odpovězte nám v co nejkratší době. (so schnell wie möglich/möglichst schnell)
co nejsrdečněji (auf das herzlichste)

Die Substantivierung der Adjektive

Bei der Substantivierung der Adjektive wird häufig von einer attributiven Verbindung ausgegangen, in der das Substantiv eliminiert wird und das Adjektiv die gesamte Bedeutung übernimmt, z. B.:

konečná stanice (Endstation) – konečná, taneční hodiny (Tanzstunden) – taneční

Das substantivierte Adjektiv wird wie das Adjektiv dekliniert, z. B.:

Kolik máš kapesného? Jedu až na konečnou. (↗ 16)

Typisch sind die Verbindungen mit substantivierten Adjektiven (meistens Redewendungen), wie z. B.:

na + substantiviertes Adjektiv im Akkusativ

Na shledanou! Na viděnou! (Auf Wiedersehen!) Na slyšenou! (Auf Wiederhören!)
Dostat na pamětnou. (Einen Denkzettel bekommen.)
To je na pováženou. (Das ist bedenklich.)
Přicházíte jako na zavolanou. (Sie kommen wie gerufen.)

s + substantiviertes Adjektiv im Instrumental

Odešel s nepořízenou. (Er ist unverrichteter Dinge weggegangen.)

za + substantivieres Adjektiv im Akkusativ

Dostat za vyučenou. (Lehrgeld zahlen.)

Das Pronomen

Die Pronomen vertreten oder begleiten Substantive oder Adjektive. Sie werden dekliniert.

Klassifikation der Pronomen

34 Nach ihrer Funktion unterscheidet man:
1. Personalpronomen, z.B. já, ty, on, my
2. Reflexivpronomen: se, si
3. Demonstrativpronomen, z.B. ten, tento, tenhle, tentýž, sám
4. Possessivpronomen, z.B. můj, tvůj, náš, její
5. Interrogativpronomen, z.B. kdo, co, který, jaký, čí
6. Relativpronomen, z.B. kdo(ž), co(ž), který, jenž, jehož
7. Negativpronomen, z.B. nikdo, nic, ničí, žádný
8. Indefinitpronomen, z.B. někdo, kdosi, každý, všechen, kterýkoli, leckdo, leccos

Die Bildung der Pronomen
- einfache Pronomen, z.B.: ten, já, on, my, se, co, kdo
- aus Pronomen, Präfixen, Suffixen oder Partikeln zusammengesetzte Pronomen:

ně-	někdo, něco, nějaký, některý	-hle	tenhle, tahle, tohle
ni-	nikdo, nic, nijaký	-koli	kterýkoli, jakýkoli, kdokoli
lec-	leckdo, leccos	-pak	kdopak, copak, kterýpak
leda-	ledajaký, ledakdo, ledaco	-to	tento, tato, tito
tam-	tamten, tamta, tamto	-si	kdosi, cosi, kterýsi
chce	kdo chce, co chce, který chce	-ž	kdož, což, jehož, jakýž

Insbesondere in der Umgangssprache, werden Pronomen mehrfach zusammengesetzt, z.B. tenhleten, tahleta, tohleto, tamhleten, tamhleta, tamhleto.

Die meisten Pronomen sind stilistisch neutral, z.B. který, on, ty. Einige unterscheiden sich jedoch deutlich in ihrem stilistischen Wert. Buchsprachlich sind z.B. die Pronomina jenž, onen, kdož, což, schriftsprachlich tento, umgangssprachlich tenhle, tamten.

Deklination der Pronomen

Die meisten Pronomen werden dekliniert. Es lassen sich 3 Deklinationstypen unterscheiden.
Undekliniert bleiben die Possessivpronomen jeho (sein), jehož (dessen), z.B.:

s jeho matkou, o jeho matce, v jeho názorech, v jejich školách, v jejichž školách.

Bei zusammengesetzten Pronomen und bei den deklinierten Pronomen mit dem Auslaut -ž wird nur das Pronomen dekliniert, während die Präfixe, Suffixe oder Partikel unverändert bleiben, z.B.:

kdokoli, komukoli, s kýmkoli, tamten, tamtoho, tamtomu, jenž, jehož, již, jichž, kterýkoli, jakýkoli, kterýmkoli, jakýmkoli, u koho chce, ke komu chce

35 Deklinationstyp I

Nach diesem Typ werden die Personalpronomen der 1. und 2. Person Singular und Plural, sowie das Reflexivpronomen **se** dekliniert:

N.	já	ty	my	vy	–
G.	mne, mě	tebe, tě	nás	vás	sebe, se
D.	mně, mi	tobě, ti	nám	vám	sobě, si
A.	mne, mě	tebe, tě	nás	vás	sebe, se
V.	–	ty!	–	vy!	–
P.	(o) mně	tobě	nás	vás	sobě
I.	mnou	tebou	námi	vámi	sebou

Die Pronomen **já**, **ty** und **se** besitzen in einigen Kasus lange, z. B.: mne, tebe, tobě und kurze Formen, z. B.: mě, tě, ti. Zum unterschiedlichen Gebrauch der langen und kurzen Formen (↗ 38).

36 Deklinationstyp II

Nach diesem Typ werden folgende Pronomen dekliniert:
– on, jenž (jenž wird wie on, jedoch jeweils mit dem Auslaut -ž dekliniert)
– náš, váš, všechen (váš wird wie náš dekliniert)
– ten, tento, tenhle, tamten, onen (Neutrum ono, dekliniert wie ten: onoho, onomu)
– týž, tentýž
– kdo, někdo, nikdo, co, něco, nic, kdož, což; kdokoli, kdosi, kdopak, copak

Singular			
	Maskulinum belebt/unbelebt	Femininum	Neutrum
N.	on	ona	ono
G.	jeho, ho, jej	jí	jeho, ho
D.	jemu, mu	jí	jemu
A.	jeho, ho, jej	ji	je, ho
P.	(o) něm	ní	něm
I.	jím	jí	jím

Plural			
N.	oni/ony	ony	ona
G.	jich	jich	jich
D.	jim	jim	jim
A.	je	je	je
P.	(o) nich	nich	nich
I.	jimi	jimi	jimi

– **jenž** hat im Nominativ Singular die Formen jenž, jež, jež und im Nominativ Plural die Formen již/jež, jež, jež

– Nach einer Präposition erhalten die Pronomen on und jenž einen [ň]-Anlaut, z. B.: na něho, o něm, bez ní, s nimi, o němž.

– Das Pronomen **on** nimmt im Dativ und Akkusativ entweder lange (jemu, jeho, jej) oder kurze (mu, ho) Formen an. (↗ **38**) Das Pronomen **jenž** weist keine kurzen Formen auf.

– Im früheren Sprachgebrauch wurde deutlich zwischen den Formen **jeho** oder **ho** für belebte Maskulina und **jej** für unbelebte Maskulina unterschieden. Diese Unterscheidung wird gegenwärtig nur bei **jeho** eingehalten.

– die Verschmelzung des Pronomens on mit Präpositionen, z. B.: do něho, do něj = doň, pro něho = proň, o něj = oň, ist veraltet.

Singular						
	Maskulinum belebt/unbelebt		Femininum		Neutrum	
N.	náš	všechen	naše	všechna	naše	všechno
G.	našeho	všeho	naší	vší	našeho	všeho
D.	našemu	všemu	naší	vší	našemu	všemu
A.	našeho/náš	všechen	naši	vši	naše	všechno
P.	(o) našem	všem	naší	vší	našem	všem
I.	naším	vším	naší	vší	naším	vším

Plural						
N.	naši/-e	všichni/všechny	naše	všechny	naše	všechna
G.	našich	všech	našich	všech	našich	všech
D.	našim	všem	našim	všem	našim	všem
A.	naše	všechny	naše	všechny	naše	všechna
P.	(o) našich	všech	našich	všech	našich	všech
I.	našimi	všemi	našimi	všemi	našimi	všemi

Singular			
	Maskulinum belebt/unbelebt	Femininum	Neutrum
N.	ten	ta	to
G.	toho	té	toho
D.	tomu	té	tomu
A.	toho/ten	tu	to
P.	(o) tom	té	tom
I.	tím	tou	tím

Plural			
N.	ti/ty	ty	ta
G.	těch	těch	těch
D.	těm	těm	těm
A.	ty	ty	ta
P.	(o) těch	těch	těch
I.	těmi	těmi	těmi

– Die Pronomen ta, ona (Femininum von onen) werden im Singular mit Ausnahme des Akkusativs (tu, onu) wie ein hartes Adjektiv (mladý) dekliniert (➚ 28).

Singular			
	Maskulinum belebt/unbelebt	Femininum	Neutrum
N.	týž, tentýž	táž, tatáž	totéž
G.	téhož	téže	téhož
D.	témuž	téže	témuž
A.	téhož/tentýž, týž	tutéž, touž	totéž
P.	(o) témže, tomtéž	téže	témže, tomtéž
I.	týmž, tímtéž	toutéž, touž	týmž, tímtéž

Plural			
N.	tíž, titíž/tytéž	tytéž	tatáž, táž
G.	týchž	týchž	týchž
D.	týmž	týmž	týmž
A.	tytéž	tytéž	tatáž, táž
P.	(o) týchž	týchž	týchž
I.	týmiž	týmiž	týmiž

– Anstelle des Pronomens tentýž wird in der Umgangssprache ten samý (beide Pronomen werden dekliniert, z.B.: toho samého, tomu samému, tou samou) verwendet.

kdo, někdo, nikdo, co, něco, nic, kdož, což, kdokoli, kdosi, kdopak, copak

– **kdo** ist ein Maskulinum, **co** ein Neutrum, deswegen auch die entsprechende Kongruenz, z. B. in den Formen des Perfekts: Kdo přišel? Co se stalo?

N.	kdo	co
G.	koho	čeho
D.	komu	čemu
A.	koho	co
P.	(o) kom	čem
I.	kým	čím

– In der Schriftsprache findet sich manchmal die Verschmelzung des Pronomen co mit Präpositionen, die auf einen Vokal auslauten, z. B.: o co = oč, za co = zač. Einige dieser Verschmelzungen sind zum Adverb geworden (z. B. proč) oder werden in Redewendungen gebraucht, z. B.: Není zač. (Keine Ursache. Nicht zu danken.)

37 Deklinationstyp III (adjektivische Deklination)

Nach dem **harten adjektivischen Deklinationsmusterwort** (mladý, mladá, mladé) werden folgende Pronomen dekliniert:
každý, každá, každé (das Pronomen wird vorwiegend im Singular, im Plural nur in Verbindung mit den Pluralia tantum verwendet), žádný, který, jaký, takový, kterýž, jakýž, kterýkoli, jakýkoli, jakýsi, kterýsi, ta, ona (im Singular ↗ 36), můj, tvůj, svůj, sám

Singular

	Maskulinum belebt/unbelebt			Neutrum		
N.	každý	sám	můj	každé	samo	moje
G.	každého	samého	mého	každého	samého	mého
D.	každému	samému	mému	každému	samému	mému
A.	každého/ každý	samého/ sám	mého/ můj	každé	samo	mé
P.	(o) každém	samém	mém	každém	samém	mém
I.	každým	samým	mým	každým	samým	mým

	Femininum			
N.	každá	sama	moje, má	ta
G.	každé	samé	mé	té
D.	každé	samé	mé	té
A.	každou	samu	moji, mou	tu
P.	(o) každé	samé	mé	té
I.	každou	samou	mou	tou

Plural

	Maskulinum belebt/unbelebt	Femininum	Neutrum
N.	žádní sami moji, mí/ žádné samy moje, mé	žádné samy moje, mé	žádná sama moje, má
G.	žádných samých mých	žádných samých mých	žádných samých mých
D.	žádným samým mým	žádným samým mým	žádným samým mým
A.	žádné samy moje, mé	žádné samy moje, mé	žádná sama moje, má
P.	(o) žádných samých mých	žádných samých mých	žádných samých mých
I.	žádnými samými mými	žádnými samými mými	žádnými samými mými

In der Umgangssprache verwendet man im Genitiv, Dativ, Präpositiv und Instrumental auch die Formen mojí, tvojí (s mojí maminkou, s tvojí knihou)

Nach dem **weichen Deklinationsmusterwort** (jarní) werden Pronomen **čí, její, jejíž** (Deklination wie její, jedoch jeweils mit dem -ž Auslaut) dekliniert:

	Singular				Plural	
	Maskulinum, Neutrum belebt/unbelebt		Femininum		alle Genera	
N.	čí	její	čí její	N.	čí	její
G.	čího	jejího	čí její	G.	čích	jejích
D.	čímu	jejímu	čí její	D.	čím	jejím
A.	čího/ čí	jejího/ její	čí její	A.	čí	její
P.	(o) čím	jejím	čí její	P.	(o) čích	jejích
I.	čím	jejím	čí její	I.	čími	jejími

Die Pronomina **její** (ihr), **jejíž** (deren) vertreten Feminina im Singular (als den Besitzer) und nehmen die jeweiligen deklinierten Formen entsprechend dem Genus, Numerus und Kasus des Substantivs, bei dem sie stehen (des Besitzes) an, z. B.:

její, jejíž dům sestra; jejího, jejíhož syna; bez její, jejíž viny; o jejím, jejímž kole; její, jejíž bratři domy sestry kola; jejích, jejíchž bratrech, sestrách, kolech.

Die Pronomina **jeho** (sein), **jehož** (dessen) vertreten Maskulina oder Neutra (als den Besitzer) im Singular, **jejich** (ihr), **jejichž** (deren) Substantiva aller Genera im Plural. Sie bleiben unverändert, unabhängig von Numerus und Kasus der bei ihnen stehenden Substantive, z. B.:

jeho, jehož bratr, kolo, domy, sestry; s jeho, jehož bratrem; bratry, sestrami, koly jejich, jejichž bratr, dům, sestra, kolo; bratři, domy, sestry, kola; o jejich, jejichž bratrovi, bratrech, domu, domech, sestře, sestrách

Gebrauch von Pronomen
und deren spezielle kommunikative Funktionen

38 Personalpronomen   já, ty, my, vy, on, ona, ono, oni/ony, ony, ona

Die langen und kurzen Formen der Personalpronomen

	lang			kurz		
	já	ty	on	já	ty	on
G.	mne	tebe	jeho	mě	tě	ho
D.	mně	tobě	jemu	mi	ti	mu
A.	mne	tebe	jeho	mě	tě	ho

Die **kurzen** Formen sind Enklitika (↗ 71).
Am Satzanfang können daher nur die **langen** Formen stehen, z. B.:
   Mně se to nelíbí.
In Verbindung mit einer Präposition werden nur die langen Formen verwendet, z. B.:
   k tobě, ke mně, o tobě, pro tebe.

Die langen Formen werden weiterhin dann gebraucht, wenn das Pronomen besonders betont wird, z. B.

Jeho se ptám, ne **tebe**. (Ihn frage ich, nicht dich.) To se musí stát **mně**, který jsem tak opatrný. (Das muß ausgerechnet mir geschehen, der ich so vorsichtig bin.)

Wenn nicht nachdrücklich hervorgehoben, wird das Personalpronomen als Subjekt des Satzes oft weggelassen, z. B:

Podívám se na to. Přijdu hned. Přijedu ve čtvrtek. Domnívám se, že to nejsou správné informace.

In der Umgangssprache wird das Personalpronomen eher verwendet, z. B.:

Já se na to podívám večer. Ty se můžeš dívat na film, ale já musím pracovat.

Das Weglassen des Personalpronomens (besonders dann, wenn es von der entsprechenden Satzmelodie begleitet wird) kann nämlich als „kurz angebunden, distanziert" gewertet werden.

Die Personalpronomen **ty**, **vy** werden manchmal emphatisch gebraucht, um den Hörer in die Handlung einzubeziehen (➚ **18**):

To **ti** bylo krásné! (Das war vielleicht schön!)
To **vám** byla nádhera! (Das war wunderbar, müssen Sie wissen!)

Die Personalpronomen der 3. Person   on, ona, ono, oni, ony, ona

können in der Umgangssprache vielfältige kommunikative Absichten des Sprechers ausdrücken. Das Pronomen wird dann zusätzlich zum Subjekt, z. B.:

On Pavel nezavolal? (Pavel hat nicht angerufen?)

oder als Subjekt in eingliedrigen Sätzen (➚ 73), z. B.:

Ono sněží! (Es schneit ja!)

verwendet, und kongruiert dann immer mit dem (vorhandenen) Subjekt des Satzes in Genus und Numerus.

Begleitet von einer ensprechenden Satzmelodie können verschiedene kommunikative Absichten ausgedrückt werden, so z. B.:

Überraschung: On tam ten Pavel nebyl? (War denn Paul nicht da?)
Nachdruck: Oni si to ti lidé ani neumí představit.
Spott: Ono se mu to nelíbí!
Erläuterung: Ono je to pro nás moc těžké. Ona ho zajímá hlavně matematika.
Zureden: Ono se ti to určitě podaří.

Die Form des Neutrums ono signalisiert oft eine Überlegungspause (na ja, tja):

Ono ..., Na ja ..., Ono ... já si to musím ještě rozmyslet.

Die Personalpronomen als gezählter Gegenstand stehen im Genitiv (➚ **18, 47**) auch dann, wenn die Menge nicht explizit angegeben ist:

Kolik vás je? (Wieviele seid Ihr denn?) Kolik jich je? (Wieviele sind sie denn?)
Vás je! (Ihr seid aber viele!) Tady jich je! (Hier sind aber viele!)

39 Reflexivpronomen   se

Das Reflexivpronomen erfüllt grammatische Funktion als Bestandteil der Reflexivverben, z. B.:
    smát se, vzpomínat si.

Das Reflexivpronomen wird zur Bezeichnung eines allgemeinen Subjektes (unpersönlich) verwendet in den:
– Formen des unpersönlichen Passivs, z. B.: Ten chrám se stavěl dvacet let.
– allgemeingültigen Aussagen in der Funktion des deutschen „man", z. B.: To se nesmí. (Das darf man nicht machen.) To se neví. (Das weiß man nicht.) (➚ 74)

Das Reflexivpronomen weist im Dativ und Akkusativ lange und kurze Formen auf:

| lang | sobě, sebe | kurz | si, se |

Die kurzen Formen sind Enklitika (➚ 71), sie stehen in einer Enklitika-Reihe nach dem Hilfsverb und vor dem Personalpronomen.

In Verbindung mit einer Präposition verwendet man immer die langen Formen, z. B.:
    Zlobím se na sebe. (Ich ärgere mich über mich selbst.)
    Koupil to pro sebe (Er hat es für sich selbst gekauft.)

Die langen Formen werden weiterhin dann gebraucht, wenn das Pronomen betont wird oder das Verb reflexiv ist (letzteres wegen der Kummulierung von se), z. B.:
    Já se sama sobě divím. (Ich wundere mich über mich selbst).
    Zdají se být sobě podobni. (Sie scheinen einander ähnlich zu sein.)

Bezieht sich das Objekt des Satzes auf das Subjekt oder betrifft es dieses, so werden anstelle der Personalpronomen die Formen der Reflexivpronomen gebraucht, z. B.:
    Ty myslíš jen na **sebe**. (**Du** denkst nur an **dich**.)
    On myslí jen na **sebe**. (**Er** denkt nur an **sich**.)
    Peníze mám u **sebe**. (Das Geld habe **ich** bei **mir**.)

Das Reflexivpronomen kann signalisieren, daß die Handlung zugunsten (meistens **si**), z. B.:
    Já si tady klidně sedím, nikomu nic nedělám. (Ich sitze hier nur so ruhig für mich hin, ich tue keinem etwas zu leide.) To nejde, pořád si jenom odpočívat.

oder auf Kosten (meistens **se**) des Subjekts geschieht, z. B.:
    Já se s tím peru a žehlím a vy to hned zase ušpiníte. (Ich mache mir mit dem Waschen und Bügeln so viel Arbeit, und ihr macht alles gleich wieder schmutzig.) Moc se s tím nenadřel! (Übernommen hat er sich damit nicht!)

Diese Funktion tritt auch bei der Aktionsart „Maß des Geschehens" (➚ 53) auf:
    Ten se toho namluví! (Der redet was zurecht!)
    Nemohli se vynadívat. (Sie konnten sich nicht sattsehen.)

40 Demonstrativpronomen   ten, tento, tenhle, onen, takový, tentýž, sám

Die Demonstrativpronomen **ten, ta, to**
- begleiten in deiktischen Funktionen ein Substantiv oder vertreten eine Aussage oder einen ihrer Teile, z. B.: Já si vezmu tenhle košík a ty tamhleten. Ten sešit ti mám podat (a ne nějaký jiný)? Petr? Ten tu dneska ještě nebyl. To opravdu nevím.
- können Subjekt des Satzes sein, z. B.: Ten se tváří! Ta to umí.
- erfüllen (in Verbindung mit den Eigennamen nur in der Umgangssprache) Kontextfunktionen, indem sie auf das Thema hinweisen, z. B.: Kdy pojedeš do té/tý Prahy? (Wann fährst du nun nach Prag?) Mluvil jsi s tím Karlem? (Hast du nun mit Karl gesprochen?) Koupíš tedy ten obraz? (Kaufst du nun das Bild?)
- verbinden sich mit einem Adjektiv, mit einem Ordnungszahlwort (die beiden Formen kongruieren in Genus, Numerus und Kasus), z. B.: ten nejlepší, ten třetí, to nejjednodušší. Vybral si tu nejdražší. Zvolil si to nejjednodušší.
- werden häufig auch bei den Eigennamen in den oben genannten Kontextfunktionen, oder auch in emphatischen Äußerungen gebraucht, z. B.: Ten Martin je ale protiva! To je hezká holka, ta Zuzanka!

Im Gegensatz zum Deutschen wird es aber nicht bei den Nachnamen von Künstlerinnen (z. B. „die Dietrich") gebraucht. In diesem Fall wird nur der Nachname, eventuell mit dem Vornamen („Marléna Dietrichová") verwendet.

- *übernehmen in der Umgangssprache oft die Artikelfunktion, so z. B.:*
- *beim Erzählen:* **Ten** *pán se podíval na* **toho** *psa a řekl:* „**Toho** *psa znám".*
 Přišel do **toho** *obchodu a zeptal se na* **tu** *knihu.*
- *bei einer Aufforderung: Umyj si* **ty** *ruce! (Wasch dir doch endlich die Hände!)*
 Přines mi **tu** *blůzu s* **těmi** *puntíky!*

Im Unterschied zum Gebrauch des bestimmten Artikels im Deutschen wird dabei jedoch, besonders in den Aufforderungen, ein gewisser Nachdruck vermittelt.

Das Demonstrativpronomen **to** (oft im Sinne des deutschen da) erfüllt emphatische Funktion, z. B.:

To se divíš? (Da wunderst du dich?) **To** jsem blázen! (Da bin ich platt!)
Co **to** tu děláš? (Was machst du denn da?)

to kann dabei auch **doppelt** vorkommen, z. B.:

To je **to** právě, že to nevím jistě. **To to** utíká. (Wie die Zeit vergeht.)
To mi **to** chutná. (Das schmeckt mir aber!)

Die Demonstrativpronomen **takový** und **ten** können (meistens in elliptischen Sätzen) ein hohes Maß, eine große Menge expressiv ausdrücken, z. B.:

Ta urážka! (So eine Beleidigung!) **Taková** láska! (Welch eine Liebe!)
Těch/takových/takovejch hrušek! (So viele Birnen!)

Das Demonstrativpronomen **onen** (ona, ono, oni, ony, ona) ist buchsprachlich und etwas veraltet. Es wird verwendet in der Opposition: **tento** – **onen** (neben jeden –

druhý, *umgangssprachlich tenhle – tamten)*, oder ist in festen Wendungen gebräuchlich, wie z.B.:

onen svět (jenseits), to i ono (dies und jenes).

Das Demonstrativpronomen **sám, samý** wird zu einer starken Hervorhebung verwendet, z. B.:

On **sám** je toho mínění. (Er selbst ist der Meinung.)
Přišel **sám** ředitel. (Es kam sogar der Direktor.)

und ist in festen Wendungen zu finden, z. B.:

u **samého** kraje (ganz/dicht am Rande), na **samém** začátku (ganz am Anfang).

(vgl. auch S. 59)

Possessivpronomen   můj, tvůj, svůj, náš, váš, jeho, její, jejich

Das reflexive Possessivpronomen **svůj** steht nur in einigen Wendungen im Nominativ, z. B.:

Svůj k svému. (Jeder sucht sich seinesgleichen.)

Das Pronomen **svůj**, bezogen auf das Objekt eines Satzes, wird dann verwendet, wenn das Objekt des Satzes dem Subjekt zugeordnet wird:

Já mám **svého** přítele a **ty** máš taky **svého**. (Ich habe meinen Freund und du hast deinen.) Má tady **své** věci. (Er hat hier seine [eigenen] Sachen.)

Wenn das Objekt nicht dem Subjekt des Satzes gehört, wird das entsprechende Pronomen (můj, tvůj …) verwendet:

Má tady **jeho** věci. (Er hat hier seine Sachen, d.h. die eines anderen.)
Neviděl **jsi** někde **moje** klíče? (Hast du nicht irgendwo meine Schlüssel gesehen?)

Die Pronomen **jehož** (Maskulinum + Neutra), **jejíž** (Femina), **jejichž** (Plural) entsprechen den deutschen Pronomen dessen, deren, z. B:

Spisovatel, jehož knihy čtu nejraději.
Spisovatelka, jejíž kniha vyšla v našem nakladatelství. (↗ **81** und **37**)

Interrogativpronomen   kdo, co, který, jaký, čí

41 Die Interrogativpronomen leiten **Ergänzungsfragen** ein.
Mit **kdo** wird nach Personen gefragt, z.B.:

Kdo přišel? O kom mluvíte?

in allen anderen Fällen wird **co** gebraucht, z.B.:

Co to je? O čem jste mluvili?

Das Pronomen **jaký,-á,-é?** bezieht sich auf die Qualität eines Lebewesens oder einer Sache, z. B.:

Jaký je to člověk? (Was ist das für ein Mensch?) Jaký je ten film?

Mit dem Pronomen **který,-á, -é**? wird aus einer Menge die Auswahl getroffen, z. B.:
> Který svetr si dnes oblečeš? Který film chceš vidět?

Mit dem Pronomen **čí** (wessen)? wird nach der Zugehörigkeit von Personen oder Sachen zu Personen gefragt, z. B.:
> Čí je ta kočka? (Wessen Katze ist das?)
> V čím zájmu jsi to udělal? (In wessen Interesse hast du das getan?)

Die Interrogativpronomen übernehmen in den Relativ- und Subjektsätzen die Funktion der Konjunktionen, z. B.:
> **Kdo** se směje naposled, ten se směje nejlépe. Ten, **kdo** to psal, se ti určitě chtěl pomstít. Ten, **který** sis vybral, za nic nestojí.

Die Pronomen **copak** (umgangsprachlich), **což** und **cožpak** (schriftsprachlich) leiten **Ausrufesätze**, rhetorische und suggestive Fragen ein, z. B.:
> **Copak** se ti ty kytky nelíbí? **Cožpak** to není jasné?

Insbesondere das Fragepronomen **co** wird in vielen grammatischen und kommunikativen Funktionen verwendet.

co, nic + Adjektiv im Genitiv

Co je na tom **zvláštního**? (Was ist daran so besonderes?)
Co nám nesete **dobrého**? (Was bringen sie uns schönes?)
Není na tom **nic zajímavého**. Povídej mi **něco veselého**.

co + Superlativ des Adjektivs oder Adverbs

co nejdříve (so früh wie möglich); co nejlepší (so gut wie möglich)

co + Infinitiv   (im Deutschen Infinitiv mit zu)

Nemáte tady co rozkazovat! (Sie haben hier nicht zu befehlen.)
Nemá co dělat. (Er hat nichts zu tun.)

Co findet man in vielen Wendungen, z. B.:
> Co je to zač? (Was ist das für eine Sache?)
> Co je to za člověka? (Was ist das für ein Mensch/einer?)

Co ersetzt in der Umgangssprache viele Adverbien und Konjunktionen, z.B.:

proč:	Co tu tak stojíš? = Proč tu tak stojíš?
	Co nic neříkáš? = Proč nic neříkáš?
který:	Ten člověk, co (= kterého) jsme tam viděli.
kde:	Tam, co jsme byli loni.
kdy:	Bylo to tehdy, co nám řekli, že se tu bude stavět
každý:	Co Čech, to muzikant.
jehož, jejíž:	To je ten chlapec, co znáš jeho sestru. (➚ **81**)

42 Relativpronomen   kdo, co, jaký, který, čí, jenž, jehož, kdož, což

Die Pronomen jenž, což sind buchsprachlich, kdož ist buchsprachlich und veraltet.
Die Relativpronomen erfüllen syntaktische Funktionen in Relativsätzen (↗ 81).
Das Pronomen což wird im Sinne von co, a to verwendet, z.B.:
Vyhráli, což nikdo nečekal (was niemand erwartete).
*Anstelle von který und jehož wird das Adverb **jak** gebraucht, z.B.:*
Ten chlapec, jak o něm (= o kterém) psali v novinách. Ten chlapec, jak znáš jeho sestru (= jehož sestru znáš).

Indefinitpronomen

někdo, kdosi, kdokoli, kterýkoli, leckdo, leccos, každý, všechen, samý

Die Indefinitpronomen vertreten wie Personalpronomen Substantive und können mit einem (nachgestellten) Adjektiv erweitert werden, z.B.:
Někdo tam musí jít. Může tam jít kdokoli. Musí tam jít někdo starší. Musíš to říct někomu rozumnému.

– Die Pronomen mit dem angefügten Partikel **-si** tragen die Bedeutung von „etwas bestimmtes, ein bestimmter …" **kdosi, cosi,** který**si,** jaký**si**. Sie sind buchsprachlichen Charakters und werden nicht so häufig benutzt wie die mit dem Präfix **ně-**. Oft treten sie in festen Wendungen auf, z.B.: kdysi dávno; kdesi cosi.

– Die Pronomen mit dem angefügten Partikel **-koli** tragen die Bedeutung einer Beliebigkeit, z.B.: kdokoli (wer [auch] immer); cokoli (was [auch] immer); kterýkoli (welcher [auch] immer); jakýkoli (welcher [auch] immer).
Sie werden auch in **konzessiven** Sätzen verwendet (↗ 85) z.B.:
Ať se snažím jakkoli, … (Wie ich mich auch bemühe, …)

– Die Pronomen **někdo** und **něco** verbinden sich mit dem Adjektiv:

někdo + Adjektiv   (Kongruenz im Kasus)

Musí tam jít někdo starší (*jemand Älterer). Musíš se zeptat někoho zkušenějšího.

něco + Adjektiv

Keine Kasuskongruenz im Nominativ und Akkusativ (das Adjektiv steht im Genitiv), z.B.:
Povídal nám něco zajímavého (etwas Interessantes). To je něco strašného.

Kongruenz in Kasus im Genitiv, Dativ, Präpositiv und Instrumental, z.B.:
Seznámil nás s něčím novým. (Er hat uns mit etwas neuem vertraut gemacht.)
Vyprávěl nám o něčem podivném. (Er hat uns von etwas seltsamem erzählt.)

Die Pronomen **všechen, každý, samý,** dienen der Verallgemeinerung oder Einräumung.

Das Pronomen **všechen** verbindet sich im Singular mit den Stoffnamen oder Sammelbezeichnungen, z. B.:

> Můžeš si vzít **všechen** cukr. (Du kannst den gesamten Zucker mitnehmen.)
> Vypil **všechnu** limonádu.

Das Pronomen **každý** wird vorwiegend im Singular benutzt, im Plural nur in Verbindung mit den Pluraliatantum, z. B.:

> Zazvonil u **každých** dveří. (Er hat an jeder einzelner Tür geklingelt.)

Das Pronomen **samý** bedeutet „nur, lauter", z. B.:

> Měl **samé** jedničky. (Er hatte nur Einsen [auf dem Zeugnis]).
> Vyprávěl **samé** nesmysly. (Er erzählte lauter Unsinn.)

Negativpronomen z. B.: nikdo, nic, ničí, žádný

Die Negativpronomen verbinden sich (nach gleichen Regeln wie die Indefinitpronomen někdo, něco) mit einem Adjektiv, z. B.:

> To by **nikdo rozumný** neudělal. (Kein vernünftiger Mensch würde es tun.)
> Nebyl tam **nikdo starší**. Na tom není **nic zvláštního**.
> Nedohodli se **na ničem novém**.

Bei der Verwendung der Negativpronomen ist die für das Tschechische typische doppelte bzw. mehrfache Verneinung (➚ 72) zu beachten, z. B.

> **Ni**kdo tu **ne**byl. (Es war niemand hier.)
> **Ni**kdy to **ni**komu **ne**řekl. (Er hat es nie jemandem gesagt.)

Attributiv wird das Negativpronomen **žádný** verwendet:

> Nemám **žádné** námitky.

Buchsprachlich und etwas veraltet ist die Verwendung des Negativpronomens nikoli (nikoliv) (keineswegs) in der Funktion von ne (nein).

Die Numeralia

haben die Funktion, Zahlen und Mengen anzugeben. In Verbindung mit Substantiven zeigen sie deren Anzahl und Menge an, bzw. drücken auf die Menge oder Zahlen bezogene Merkmale aus.
Sie werden teils dekliniert, zum Teil bleiben sie undekliniert. Ihre Spezifik besteht in der begrenzten Anzahl der Formen; die Tendenz führt zur Vereinheitlichung dieser Formen (vgl. Deklination von pět u.ff.).
Es werden **bestimmte** Numeralia wie jeden patnáct, tisíc und **unbestimmte** Numeralia, wie mnoho, málo, kolik unterschieden.

Die Klassifikation der Numeralia

Grund-zahlwörter	Ordnungs-zahlwörter	Gattungs-zahlwörter	Vervielfältigungs-zahlwörter	Distributiv-zahlwörter
kolik?	kolikátý?	kolikerý?	kolikanásobný? kolikanásobně? kolikrát?	po kolika?
1 jeden, jedna, jedno	první	jedny	jednou, jedenkrát jednoduchý	po jednom po jedné
2 dva, dvě	druhý	dvojí/dvojaký dvoje	dvojitý dvojnásobný dvakrát, dvojmo	po dvou dva a dva ve dvou
3 tři	třetí	trojí/troje	trojitý trojnásobný třikrát, trojmo	po třech tři a tři ve třech
4 čtyři	čtvrtý	čtverý/y čtvero	čtyřnásobný čtyřikrát, čtvermo	po čtyřech ve čtyřech
5 pět	pátý	paterý/y patero	pětinásobný pětkrát	po pěti v pěti
6 šest	šestý	šesterý/y šestero	šestinásobný šestkrát	po šesti v šesti
7 sedm	sedmý	sedmerý/y sedmero	sedminásobný sedmkrát	po sedmi v sedmi
8 osm	osmý	osmerý/y osmero	osminásobný osmkrát	po osmi v osmi
9 devět	devátý	devaterý/y devatero	devítinásobný devětkrát	po devíti v devíti
10 deset	desátý	desaterý/y desatero	desítinásobný desetkrát	po deseti/ desíti

Analog dazu werden die Numeralia auch von höheren Zahlen gebildet, z. B.:

30 třicet	tricátý	třicaterý	třicetinásobný třicetkrát	po třiceti
50 padesát	padesátý	padesaterý	padesátinásobný padesátkrát	po padesáti
100 sto	stý	sterý	stonásobný stokrát	po stech

sowie von einigen unbestimmten Numeralien, wie z. B.:

mnoho	mnohý	–		mnohonásobný, mnohokrát	po mnoha
kolik	kolikátý	kolikerý, kolikero	kolikanásobný, kolikrát	po kolika

Gleiche Formen wie kolik bilden několik und tolik.

Weitere Klassen der Numeralia bilden die Zahlen und Brüche:

Zahlen				Bruchzahlen			
0	nula						
1	jednička	6	šestka	1/2	polovina,	1/6	šestina
2	dvojka	7	sedmička		půl	1/7	sedmina
3	trojka	8	osmička	1/3	třetina	1/8	osmina
4	čtyřka	9	devítka	1/4	čtvrtina	1/9	devítina
5	pětka	10	desítka	1/5	pětina	1/10	desetina
		11	jedenáctka			1/11	jedenáctina
20	dvacítka			1/20	dvacetina		
25	pětadvacítka			1/25	pětadvacetina		
30	třicítka			1/30	třicetina		
50	padesátka			1/50	padesátina		
100	stovka			1/100	setina		
1000	tisícovka			1/1000	tisícina		
				1/100 000	stotisícina		
	milion, miliarda			1/1 000 000	milióntina		

43 Zwei Formen zusammengesetzter Zahlwörter

Mehrgliedrige Zahlwörter, die aus Zehnern und Einern bestehen, werden durch Aneinanderreihung gebildet, und zwar in zwei Formen.

1. Form (Zehner – Einer)	2. Form (Einer – Zehner)
Grundzahlwörter	
21 dvacet jeden (jedna, jedno)	21 jedenadvacet/jednadvacet
22 dvacet dva (dvě)	21 dvaadvacet
Ordnungszahlwörter	
21. dvacátý první	21. jedenadvacátý
Gattungszahlwörter	
–	25 pětadvacatery
Vervielfältigungszahlwörter	
–	25. pětadvacetkrát
	pětadvacetinásobný
Distributivzahlwörter	
–	25 po pětadvaceti

	1. Form (Zehner – Einer)	2. Form (Einer – Zehner)
Zahlen	–	25 pětadvacítka
Bruchzahlen	–	1/25 pětadvacetina

Wie aus der Übersicht hervorgeht, besteht die Konkurrenz nur bei Grund- und Ordnungszahlwörtern. Die erste Form stellt die stilistisch gehobenere Variante dar. Sie wird häufig in der offiziellen Kommunikation verwendet, so z. B.:

in den Rundfunkzeitangaben: jsou dvacet dvě hodiny a čtyři minuty
bei der Zugauskunft: pravidelný odjezd dvacet tři hodiny čtyřicet pět minut
bei Preisangaben: stojí to čtyřicet osm korun
beim Diktieren der Zahlen sowie in der Mathematik.

Die zweite Form wird in der Alltagskommunikation bevorzugt verwendet, z.B.:

jedenadvacet žáků; je mu dvaadvacet let/je mu dvaadvacet; doběhl jako pětatřicátý; stalo se to v osmašedesátém (roce)

Anmerkung
Die Jahreszahlen können wie folgt gebildet werden:
1996 tisíc devět set devadesát šest   devatenáct set devadesát šest

44 Deklination der bestimmten Grundzahlwörter

jeden, jedna, jedno   werden wie ten, ta, to (↗ 36) dekliniert

Singular

	Maskulinum belebt/unbelebt	Femininum	Neutrum
N.	jeden	jedna	jedno
G.	jedn**oho**	jedn**é**	jedn**oho**
D.	jedn**omu**	jedn**é**	jedn**omu**
A.	jedn**oho**/jeden	jedn**u**	jedno
P.	(o) jedn**om**	jedn**é**	jedn**om**
I.	jedn**ím**	jedn**ou**	jedn**ím**

Plural

	Maskulinum belebt/unbelebt	Femininum	Neutrum
N.	jedn**i**/jedn**y**	jedn**y**	jedn**a**
G.	jedn**ěch**	jedn**ěch**	jedn**ěch**
D.	jedn**ěm**	jedn**ěm**	jedn**ěm**
A.	jedn**y**	jedn**y**	jedn**a**
P.	(o) jedn**ěch**	jedn**ěch**	jedn**ěch**
I.	jedn**ěmi**	jedn**ěmi**	jedn**ěmi**

Das Numerale jeden, jedna, jedno wird verwendet z. B.:
- zum Zählen der Pluralia tantum, z. B. jedny kalhoty, jedna kamna;
- deiktisch als Gegenüberstellung, z. B. jedni – druzí (die einen – die anderen);
- in der Verbindung jeden + z: einer unter, von, einer der:
jeden z mých nejlepších přátel (einer meiner besten Freunde)

In der Umgangssprache in der Artikelfunktion (vergleichbar der Verwendung des unbestimmten Artikels im Deutschen, jedoch auch im Plural), z. B.:
přišel do jednoho města; to byl jeden můj spolužák; byl u jedněch známých; byli v divadle s jedněmi známými; byli v jedněch horách.

dva, dvě (oba, obě)

	Maskulinum	Femininum	Neutrum
N.	dva (oba)	dvě (obě)	dvě (obě)
G.	dvou (obou)	dvou (obou)	dvou (obou)
D.	dvěma (oběma)	dvěma (oběma)	dvěma (oběma)
A.	dva (oba)	dvě (obě)	dvě (obě)
P.	(o) dvou (obou)	dvou (obou)	dvou (obou)
I.	dvěma (oběma)	dvěma (oběma)	dvěma (oběma)

Der gezählte Gegenstand steht im Plural und kongruiert mit dem Numerale im Kasus.

Bei einem aus Pronomen, Adjektiven und den Numerlien dva/oba bestehenden Attribut haben in der Schriftsprache nur die Numeralien die Dualendung, z. B.:
Zastavili se až za těmi dvěma starými městy.

Die Umgangssprache gibt im Plural den Instrumentalformen auf -ma den Vorzug: Zastavili se až za těma dvěma starýma městama. (vgl. S. 43)

tři, čtyři

N.	tři	přátelé	čtyři	podmínky
G.	tří	přátel	čtyř	podmínek
D.	třem	přátelům	čtyřem	podmínkám
A.	tři	přátele	čtyři	podmínky
P.	(o) třech	přátelích	čtyřech	podmínkách
I.	třemi	přáteli	čtyřmi	podmínkami

Der gezählte Gegenstand steht im Plural und kongruiert mit dem Numerale im Kasus.

Die Grundzahlwörter tři und čtyři werden (mit Ausnahme der Formen čtyř [Genitiv von čtyři] und třemi [Instrumental von tři]) nach dem Musterwort **kost** im Plural dekliniert.

Im Genitiv werden auch die Formen třech und čtyřech gebraucht.

In Verbindung mit Substantiven, die Dualformen bilden, z.B. oči, uši, nehmen die Numeralia im Instrumental die Dualendung an, z.B.:
Promluvil si s ním o tom mezi čtyřma očima.

pět – devadesát devět/devětadevadesát

N.	pět	devětadevadesát	žáků	růží	měst
G.	pěti	devětadevadesáti	žáků	růží	měst
D.	pěti	devětadevadesáti	žákům	růžím	městům
A.	pět	devětadevadesát	žáků	růží	měst
P.	(o) pěti	devětadevadesáti	žácích	růžích	městech
I.	pěti	devětadevadesáti	žáky	růžemi	městy

Im Nominativ und Akkusativ steht der gezählte Gegenstand im Genitiv. In den übrigen Kasus sind beide Formen kongruent.

Bei **devět** erscheint in allen Kasus (außer Nominativ und Akkusativ) **devíti**.

Die Deklination der zusammengesetzten Grundzahlwörter
1. Form: Es werden sowohl Zehner als auch Einer dekliniert (die unterschiedliche Deklination von jeden, dva ... und pět kommt dabei zum tragen).
2. Form: Es werden nur die Zehner dekliniert (gleiche Form bei jeder Einerzahl).

	1. Form	2. Form
N.	dvacet jeden žák dvacet dva, tři, čtyři žáci dvacet pět žáků	jedenadvacet žáků dvaadvacet žáků pětadvacet žáků
G.	dvaceti jednoho žáka dvaceti dvou, tří, čtyř žáků dvaceti pěti žáků	jedenadvaceti žáků dvaadveceti žáků pětadvaceti žáků
D.	dvaceti jednomu žákovi dvaceti dvěma, třem, čtyřem žákům dvaceti pěti žákům	jedenadvaceti žákům
A.	dvacet jednoho žáka (belebt) dvacet jeden sešit (unbelebt) dvacet dva, tři, čtyři žáky dvacet pět žáků	jedenadvacet žáků
P.	(o) dvaceti jednom žákovi (o) dvaceti dvou, třech, čtyřech žácích (o) dvaceti pěti žácích	jedenadvaceti žácích
I.	dvaceti jedním žákem dvaceti dvěma, třemi, čtyřmi žáky dvaceti pěti žáky	jedenadvaceti žáky

In der Umgangssprache wird in Verbindung mit jeden, dva, tři und čtyři im Nominativ und Akkusativ auch in der 1. Form (siehe Tabelle) der Genitiv verwendet: dvacet jedna, dvacet dva, dvacet tři, dvacet čtyři žáků.

45 Kongruenz des Grundzahlwortes mit dem Prädikat

Die finite Form richtet sich nach dem Zahlwort bzw. nach der letzten Zahl eines mehrgliedrigen Zahlwortes: jeden žák přijde, je nemocen; dva, tři, čtyři žáci přijdou, pět **žáků** přijde. Dvacet jeden žák byl přijat. Jednadvacet žáků bylo přijato.

Die Form der Partizipien und Adjektive richtet sich nach dem Numerus und Genus des gezählten Gegenstandes: pět žáků bylo nemocn**ých** (das Adjektiv stimmt mit dem Genitiv žáků überein), tři, čtyři žáci byli nemocni.

In erweiterten Konstruktionen verwendet man in den Zusammensetzungen mit jeden auch in der Schriftsprache die Formen mit dem Genitiv, z. B.:

Všech dvacet jedna/jedenadvacet žáků bylo nemocných.

sto, tisíc, milion, miliarda

	Singular	Plural
N.	sto	sta
G.	sta	set
D.	stu	stům
A.	sto	sta
P.	(o) stu	stech
I.	stem	sty

sto wird nach dem Neutrum, Musterwort město (↗ 22) dekliniert:

Beim Grundzahlwort sto erscheint in Verbindung mit dvě die Dualform stě, **dvě stě**.

In Verbindung mit dem gezählten Gegenstand wird in der Regel nur das Numerale **sto** dekliniert, der gezählte Gegenstand steht im Genitiv.

sto	mužů	haléřů	korun	slov
stu	mužů	haléřů	korun	slov
stem	mužů	haléřů	korun	slov

Das Numerale **tisíc** wird wie stroj dekliniert, (im Genitiv Plural ist die Form tisíc möglich); **milion** und **bilion** werden wie hrad und **miliarda** wie žena dekliniert.

Die zusammengesetzten Zahlen werden wie folgt gelesen:

  101 = sto jeden muž (*auch* sto jedna mužů), sto a jeden muž
  1900 = tisíc devět set *oder* devatenáct set
  1225 = tisíc dvě stě dvacet pět *oder* dvanáct set dvacet pět

46 Deklination der unbestimmten Grundzahlwörter

mnoho, málo, kolik, tolik, několik

In Verbindung mit dem gezählten Gegenstand bilden sie nur zwei Formen:
málo: N., D., A., P., I. málo   G.   mála
mnoho: N., A.   mnoho   G., D., P., I. mnoha
několik, kolik, tolik bilden gleiche Formen wie mnoho.

Steht das Zahlwort im Nominativ oder Akkusativ, so steht der gezählte Gegenstand im Genitiv. In den übrigen Kasus sind beide Formen kongruent, z. B.:

N./A.	málo	mnoho	několik	tolik	lidí
G.	(z) mála	mnoha	několika	tolika	lidí
D.	(k) málo	mnoha	několika	tolika	lidem
P.	(o) málo	mnoha	několika	tolika	lidech
I.	(s) málo	mnoha	několika	tolika	lidmi

Substantive, die die Bedeutung einer Menge tragen können, z. b. spousta (eine Unmenge), hrstka (eine Handvoll), skupina (Gruppe), werden nach dem entsprechenden Musterwort der Substantivdeklination gebeugt; der gezählte Gegenstand steht in allen Kasus im Genitiv.

Die Ordnungszahlwörter

1. první, prvý
2. druhý,-á, -é
3. třetí
4. čtvrtý,-á, -é
5. pátý, -á, -é
6. šestý, -á, -é
7. sedmý, -á, -é
8. osmý, -á, -é
9. devátý, -á, -é
10. desátý, -á, -é

11. jedenáctý, -á, -é
12. dvanáctý, -á, -é
13. třináctý, -á, -é
14. čtrnáctý, -á, -é
15. patnáctý, -á, -é
16. šestnáctý, -á, -é
17. sedmnáctý, -á, -é
18. osmnáctý, -á,-é
19. devatenáctý, -á, -é
20. dvacátý, -á, -é

21. jedenadvacátý/dvacátý první
22. dvaadvacátý/dvacátý druhý
23. třiadvacátý/dvacátý třetí
24. čtyřiadvacátý/dvacátý čtvrtý
25. pětadvacátý/dvacátý pátý
26. šestadvacátý/dvacátý šestý
27. sedmadvacátý/dvacátý sedmý
28. osmadvacátý/dvacátý osmý
29. devětadvacátý/dvacátý devátý
30. třicátý

20. dvacátý
30. třicátý
40. čtyřicátý
50. padesátý
60. šedesátý
70. sedmdesátý
80. osmdesátý
90. devadesátý
100. stý
101. stý první, prvý
1 000. tisící
2 000. dvoutisící
3 000. třítisící
4 000. čtyřtisící
5 000. pětitisící

200. dvoustý
300. třístý
400. čtyřstý
500. pětistý
600. šestistý
700. sedmistý
800. osmistý
900. devítistý

925. devítistý dvacátý pátý
10 000. desetitisící/ desítitisící
11 000. jedenáctitisící
15 000. patnáctitisící
100 000. stotisící
1 000 000. miliontý

Die Ordnungszahlwörter první, třetí und tisící werden nach dem adjektivischen Musterwort jarní, die übrigen nach dem adjektivischen Musterwort mladý gebeugt. Die aus Einern und Zehnern zusammengesetzten Ordnungszahlwörter weisen zwei Formen auf, z. B.: 21. jedenadvacátý,-á,-é oder dvacátý první (➚ 43)

Nach der schriftsprachlichen Norm muß jedes einzelne Glied eines zusammengesetzten Zahlwortes dekliniert werden, z.B.:

123. stý dvacátý třetí; 3 965. tří tisící devítistý šedesátý pátý.

In der Umgangssprache nimmt jedoch nur das letzte Glied eines zusammnengesetzten Ordnungszahlwortes die entsprechende Form an, z.B.:

123. sto třiadvacátý; 3 965. tři tisíce devětset pětašedesátý

Die durch Ziffern bezeichneten Ordnungszahlwörter werden mit einem Punkt geschrieben, z.B.:

1. leden: první leden; o 8. hodině: o osmé hodině; Karel IV.: Karel čtvrtý

Von den Ordnungszahlwörtern werden Adverbien gebildet, die Wiederholungen bzw. eine zeitliche Folge bezeichnen, z.B.:

po stu a prvé, po prvé (poprvé) = (das erste Mal), po tisíci a druhé; za druhé, za třetí (zweitens, drittens)

Jahreszahlen und Seitenzahlen werden als Grundzahlwort gelesen, z.B.:

roku 1987 = tisíc devět set osmdesát sedm aber: v pětačtyřicátém roce; v osmašedesátém; na stránce 225 = dvě stě dvacet pět

Die Gattungszahlwörter

Die Gattungszahlwörter **dvojí, obojí, trojí** bezeichnen die Anzahl der vorliegenden Gattungen oder Arten und antworten auf die Frage kolikerý?, z.B.:

dvojí maso (zweierlei Fleisch), obojí názory (beiderlei Meinungen), několikerá vydání (mehrere unterschiedliche Ausgaben).

Sie werden adjektivisch (hart oder weich) dekliniert. Der gezählte Gegenstand kongruiert in Genus und Numerus.

Genannte Gattungszahlwörter werden häufig verwendet. Buchsprachlich und veraltet sind dagegen Gattungszahlwörter höherer Zahlen wie čtverý, paterý, sterý, sowie auch die Formen von dvoje, troje, čtvero, patero in dieser Funktion, z.B.: čtvera věc.

Einige werden in festen Wendungen anstelle von Grundzahlwörtern verwendet, z.B.: tisíceré díky! (tausend Dank).

Die Gattungszahlwörter **dvoje, oboje, troje, čtvery, patery, šestery, devatery** werden zum Zählen von Pluralia tantum oder paarweise vorkommenden Gegenständen verwendet, z.B.:

dvoje dveře (zwei Türen), patery ponožky (fünf Paar Socken).

Sie haben nur eine Form und werden nur im Nominativ und Akkusativ, vor allem aber bei niedrigen Zahlen gebraucht. Der gezählte Gegenstand kongruiert im Kasus. In den anderen Kasus, sowie auch bei höheren Zahlen verwendet man in dieser Funktion bei den Pluralia tantum die Grundzahlwörter, z.B.:

klíče od dvou dveří, padesát dveří,

bei den paarweise vorkommenden Gegenständen die Verbindung mit „pár", z.B.:

bez dvou párů ponožek, sto párů ponožek.

Zur Zahl 1 gibt es kein Gattungszahlwort. An dieser Stelle wird das Grundzahlwort jeden verwendet.

Die substantivierten Gattungszahlwörter (Neutra, dekliniert entsprechend dem Musterwort město), wie z. b.: čtvero, sedmero, devatero, desatero sind buchsprachlich und veraltet. Der gezählte Gegenstand steht im Genitiv Plural. Sie bezeichnen eine Gesamtheit gleichartiger oder zueinander gehörender Objekte und finden sich gegenwärtig vorwiegend in festen Wendungen, z. B.:

čtvero ročních období (vier Jahreszeiten), desatero přikázání (die zehn Gebote), Sedmero krkavců (Die sieben Raben [Märchen])

Die Vervielfältigungszahlwörter

– adjektivische Formen: -násobný, z. B. dvojnásobný, čtyřnásobný, pětinásobný

– adverbiale Formen:
-násob/-násobně, z. B.: dvojnásob, trojnásob, dvojnásobně, trojnásobně;
-mo, z. B.: dvojmo, trojmo;
-krát, z. B.: jedenkrát, dvakrát, dvěstěkrát, třitisíckrát

Vom Numerale jeden wird die adjektivische Form jednoduchý verwendet.
Neben den Formen dvojnásobný, trojnásobný, gibt es auch die Formen dvojitý, trojitý.
Neben jedenkrát gibt es auch die sehr gebräuchliche Form jednou.
Vom Numerale půl werden Vervielfältigungszahlwörter gebildet, z. B. dvaapůlkrát.
Vervielfältigungszahlwörter können substantiviert werden, z. B. dvojnásobek.

Die Distributivzahlwörter

Distributivzahlwörter sind präpositionale Verbindungen, bestehend aus den Präpositionen po (je) oder ve (zu) und dem Präpositiv des Grundzahlwortes, z. B.:

po jednom (je einer); po dvou (paarweise); ve čtyřech (zu viert).

Die Bruchzahlwörter

Bei den Bruchzahlwörtern wird der Zähler aus einem Grundzahlwort und der Nenner aus einem mittels des Suffixes **-ina** erweiterten Zahlwortes gebildet, z. B.:

1/5 jedna pětina.

Unregelmäßige Bildung weisen auf: polovina, třetina, čtvrtina sowie setina.

Der gezählte Gegenstand steht immer im Genitiv, z. B.:

2/3 dvě třetiny žáků, 1/100 jedna setina vteřiny, s třetinou hlasů

Zur Bezeichnung von Bruchzahlen werden auch Substantive wie půl, f. polovice, f. polovička, f. (Hälfte) und čtvrt, f. (Viertel) verwendet. Wenn **půl** und **čtvrt** als reine Bruchzahlwörter gebraucht bleiben sie undekliniert, z. B.:

před necelým čtvrt rokem, každé půl hodiny.

Bruchzahlwörter werden in beiden Bestandteilen dekliniert.

Deklination der Bruchzahlwörter

	2/3	6/9
N.	dvě třetiny žáků	šest devítin obyvatelstva
G.	dvou třetin žáků	šesti devítin obyvatelstva
D.	dvěma třetinám žáků	šesti devítinám obyvatelstva
A.	dvě třetiny žáků	šest devítin obyvatelstva
P.	(o) dvou třetinách žáků	šesti devítinách obyvatelstva
I.	dvěma třetinami žáků	šesti devítinami obyvatelstva

Bei gemischten Zahlen erfolgt die Verbindung zwischen den ganzen Zahlen und den Bruchzahlen mit oder ohne Konjunktion **a**. An die ganze Zahl kann die entsprechende Form des Substantivs **celá** (Ganze) angefügt werden, z. B.:

1 1/5 jedna (celá) a jedna pětina   jedna celá, jedna pětina
2 2/3 dvě (celé) a dvě třetiny   dvě celé, dvě třetiny

Dezimalbrüche und Dezimalzahlen werden wie Bruchzahlen gebildet, z. B.:

0,5   nula (žádná) celá, pět desetin
0,245 nula (žádná) celá, dvě stě čtyřicet pět tisícin
1,4 t jedna celá, čtyři desetiny tuny   4,6 kg čtyři celé, šest desetin kilogramu
3,15   tři celé, patnáct setin   18,32 osmnáct celých, třicet dvě setiny

Diminutive Bruchzahlformen wie **třetinka, čtvrtka, čtvrtinka, osminka** bedeuten Teile von Maßen und Gewichten, z. B.: osminka másla 1/8 kg, čtvrtka másla 1/4 kg.

Zum Gebrauch der Zahlwörter

47 Zahlwörter verbinden sich mit Substantiven und mit Verben. Das Zahlwort steht vor dem gezählten Gegenstand (Substantiv), z. B.:

dvě hodiny, půl litru, dvojí maso

sowie nach oder vor dem gezählten Geschehen (Verb), z. B.:

dvakrát tam jel oder jel tam dvakrát.

Die finite Form des Verbs paßt sich im Numerus der Mengenangabe an:
– in Verbindung mit dem Zahlwort **jeden** besteht die Kongruenz in Numerus und Genus: jedna paní povídala,
– in Verbindung mit den Zahlwörtern **dva, oba, tři, čtyři** steht das Verb im Plural, das Partizip kongruiert im Genus: tři žáci se ptali, čtyři země protestovaly.
– in Verbindung mit **pět** bis unendlich und den unbestimmten Zahlwörtern steht das Verb im Singular (das Partizip im Neutrum): pět, padesát, mnoho žáků jelo na výlet.

Das den gezählten Gegenstand vertretende oder begleitende Pronomen kongruiert in Kasus und Numerus mit dem gezählten Gegenstand:

Kolik je těch jablek?   Těch jablek je spousta.
(Wieviele Äpfel sind es?)   (Es ist eine ganze Menge Äpfel da.)

Kolik je tam dětí? (Wieviele Kinder sind dort?) Jsou tam čtyři děti. Je tam pět dětí.

Kolik jich je? (Wieviele sind es?) Jsou tam čtyři. Je jich tam pět.

Die Mengenangaben und/oder der gezählte Gegenstand sind oft elliptisch, z. B.:
Těch je! (Es sind hier so viele!) Těch tam bylo! (Es waren dort so viele!)

Spezielle kommunikative Funktionen der Numeralia

Die Altersangabe

Fragepronomen kolik	Verb 3. Person Singular von být	Dativ des Personalpronomens bzw. des Substantivs	Genitiv Plural des Substantivs rok
Kolik	je	mu	let?
Kolik	je	tvému otci	let?
Kolik	je	tvé matce	let?

Verb 3. Person Singular/Plural von být	Dativ des Personalpronomens	Grundzahlwort	Form des Substantivs rok
Je (byl, bude)	mu	jeden	rok.
Jsou (byly, budou)	mu	dva, tři, čtyři	roky.
Je (bylo, bude)	mu	pět ...	let.

Substantiv/ Pronomen im Dativ	Verb 3. Person Singular/ Plural von být	Grundzahlwort	Form des Substantivs rok
Mému otci	bylo	padesát	let.
Mé matce	bude	pětačtyřicet	let.

Das Wort „let" ist oft elliptisch, z. B.: Je mu dvaadvacet.

Die Datumsangabe

Genitiv von kolikátý	Verb 3. Person Singular von být		Adverb
Kolikátého	je/bylo/bude		dnes/včera/zítra?

Adverb	Verb 3. Person Singular von být	Ordnungszahl im Genitiv	Monatsname im Genitiv, (Grundzahlwort im Nominativ)
Dnes	je	prvního	srpna (osmý).
Včera	bylo	dvaadvacátého	března (třetí).
Zítra	bude	dvacátého	září (devátý).

Die Monatsnamen haben im Genitiv die Endung -a, außer: červenec (-e), září (-í), listopad (-u), prosinec (-e).

Bei den zusammengesetzten Zahlen wird die Einwortbenennung, z. B. dvaadvacátého bevorzugt. Wird die Zweiwortbenennung benutzt, so stehen beide Zahlwörter im Genitiv, z. B. dvacátého druhého.

Der Monatsname kann durch Ordnungszahlwort im Nominativ ausgedrückt werden: Dnes je dvacátého druhého první.

Das Datum in Briefen schreibt man: (V Praze), dne 20. 2. 1996 oder (Brno), 20. února 1996 (dne bedeutet „des Tages").

Jahreszahlen werden als Grundzahlwort gelesen: r. 1949 **roku** devatenáct set čtyřicet devět oder **v roce** tisíc devět set čtyřicet devět

In historischen Aufschriften findet man häufig die Jahreszahlangabe (mit der historischen Genitivform von Pán – Páně): léta Páně 1620, abgekürzt l. P. (im Jahre des Herrn, Anno Domini).

Die Uhrzeitangabe

Kolik	Verb 3. Person Singular von být	Genitiv Plural des Substantivs hodina
Kolik	je/bylo/bude	hodin?

Verb	Grundzahlwort	Substantiv
Je/Byla/Bude	1 jedna	hodina. (Nominativ Singular)
Jsou/Byly/Budou	2, 3, 4 dvě, tři, čtyři	hodiny. (Nominativ Plural)
Je/Bylo/Bude	5 ... 24 pět ... čtyřiadvacet	hodin. (Genitiv Plural)

Antwort mit **čtvrt** (Viertel), **půl** (halb) und **tři čtvrtě/čtvrti** (drei Viertel):

tři čtvrtě, čtvrt + na + Akkusativ des Grundzahlwortes	půl + Genitiv des Ordnungszahlwortes
1/4 1 Je čtvrt na jednu.	1/2 1 Je půl jedné.
3/4 1 Je tři čtvrtě na jednu.	1/2 2 Je půl druhé.
3/4 2 Je tři čtvrtě na dvě.	1/2 2 Bylo půl druhé.
1/4 8 Bylo čtvrt na osm.	1/2 6 Bude půl šesté.
1/4 6 Bude čtvrt na šest.	
3/4 6 Bude tři čtvrtě na šest.	

Angabe „Es ist in ... Minuten ... Uhr"

1,14   Je za (jednu) minutu čtvrt na dvě.   1,28   Bylo za dvě minuty půl druhé.
2,42   Bude za tři minuty tři čtvrtě na tři.   7,55   za pět minut osm.

Der Zeitpunkt

V kolik hodin? (Um wieviel Uhr?) V osm hodin.

Präposition v	+ Akkusativ des Grundzahlwortes	+ entsprechender Kasus von hodina
v	jednu	hodinu
ve	dvě, tři, čtyři	hodiny
v	pět …	hodin.

Bei den Zeitangaben verbinden sich die Präpositionen:

  v, do, od   mit den Grundzahlwörtern

Přijde v pět hodin. Pracuje od sedmi do tří hodin. Pracuje do jedné.

  o, před, po, k   mit den Ordnungszahlwörtern

Přišel před dvanáctou hodinou. Přijde po druhé hodině. Bude už k šesté.

  na   kann sowohl mit einem Grundzahlwort als auch mit einem Ordnungszahlwort verbunden werden.

Smluvili jsme se na dvě hodiny. Smluvili jsme se na druhou hodinu.

Das Numerale jedna steht bei Zeitangaben immer in Form des Grundzahlwortes. Přijde před jednou. Pracuje do jedné.

Das Verb

Das Verb bezeichnet als
- **Vollverb** Tätigkeiten, Vorgänge und Zustände, z. B.: jet, číst si, patřit, vidět, sedět, souviset, přát si, myslet, vyprávět, nachodit se, pozavírat,

- **modifizierendes Verb** (Modalverben, Phasenverben) ergänzende Komponenten von Zuständen und Vorgängen, z. B.: chtít (si číst), muset (pracovat), začít (mluvit),

- **Hilfsverb** grammatische Funktionen:
  - als Bestandteil von Verbformen, z. B. **je** (přestěhován), **mám** (uvařeno); oder
  - als Verbindungsglied (Kopula) zwischen dem Subjekt und dem nominalen Prädikat, z. B. (on) **je** (zvědavý).

Es werden **transitive** (kupovat, přemýšlet) und **intransitive** Verben (spát, pršet) unterschieden.
Transitive Verben regieren Objekte, z. B.:

  kupovat + Akkusativobjekt (noviny);
  ptát se + Genitivobjekt (otce)
  přemýšlet o + Präpositivobjekt (problému).

Transitive und intransitive Verben unterscheiden sich in der Bildung von Verbformen. So können nur die transitiven Verben die Formen des Passivs (↗ 63) und des Resultativs (↗ 62) bilden.

Zu den Besonderheiten des tschechischen Verbs gehören:
– der vollendete und unvollendete Aspekt,
– die zielgerichteten und unbestimmten Bewegungsverben,
– spezielle Aktionsarten,
– reflexive Verben und reflexive Formen.

In den Verbformen kommen grammatische Kategorien der Person (↗ 58), des Numerus (Singular und Plural), des Tempus (Präsens, Perfekt, Futur), des Modus (Indikativ, Imperativ, Konditional), des Genus verbi (Aktiv, Passiv) und des Aspekts (vollendeter und unvollendeter Aspekt) zum Ausdruck.

Das Verb verfügt über eine spezifische Flexion, die Konjugation. Es werden finite und infinite Verbformen unterschieden. Die finiten Verbformen werden konjugiert. Es gibt einfache und zusammengesetzte finite Verbformen.

Finite Verbformen im Überblick

48

Aktiv	Passiv (persönlich/unpersönlich)
Präsens unvollendeter Verben	Präsens
Futur vollendeter Verben Futur unvollendeter Verben	Futur
Perfekt Aktiv Resultativ Präsens, Perfekt, Futur	Perfekt
Imperativ Konditional (realisierbare und nicht realisierte Bedingung): Aktiv Aktiv Resultativ	Imperativ Konditional (realisierbare und nicht realisierte Bedingung): persönliches Passiv unpersönliches Passiv

Die infiniten Verbformen werden nicht konjugiert. Sie treten auf:
– als Bestandteil zusammengesetzter finiter Verbformen oder
– in selbständigen Funktionen im Satz: satzwertige Partizipien (↗ 64), satzwertiger Infinitiv (↗ 55), prädikatives Attribut.

Von den infiniten Verbformen bleibt nur der Infinitiv unverändert. Die anderen infiniten Verbformen bilden mehrere Formen:
– die Partizipien als Bestandteil zusammengesetzter Verbformen, infinite Verbformen im prädikativen Attribut, sowie die Transgressive verändern ihre Formen nach dem nominalen Genus und Numerus,

– die satzwertigen Partizipien (↗ 64) und in einigen Fällen auch die Partizipien im prädikativen Attribut werden adjektivisch (↗ 28, 29) dekliniert.

Infinite Verbformen im Überblick

Infinitiv	Partizip Präsens Aktiv	Transgressiv Präsens
	Partizip Perfekt Aktiv	Transgressiv Perfekt
	Partizip Perfekt Passiv	
	Partizip Präsens Passiv	

Die Verbklassen

Tschechische Verben lassen sich in **vier Klassen** einteilen. Für die Verben der einzelnen Klassen sind folgende Formmerkmale typisch:
– der Stammauslaut (Vokal, Konsonant oder Konsonantengruppe),
– der Vokal oder die Lautgruppe zwischen dem Stammauslaut und dem Infinitivsuffix (in der tschechischen Grammatik traditionell „Thema" genannt), die die meisten Verben aufweisen.

Klasse I

dělat	-a-	Konsonant vor dem „Thema"
		hart: ein Vokal oder ein Konsonant vor dem Stammauslaut, z. B.: vítat, potkat, konat, lechtat
		hartweich: ein Vokal vor dem Stammauslaut, z. B.: volat, přijímat, líbat, chovat, otřásat, rýpat, doufat, vylézat
		weich (selten, meist expressive Wörter), z. B.: hihňat se (kichern), hajat, kecat
dát	–	langer Vokal bei den einsilbigen unpräfigierten Verben, z. B.: dát, dbát, znát
		kurzer Vokal bei präfigierten Verben, z. B.: prodat, poznat, nedbat

Klasse II

kupovat	-ova-	Konsonant vor dem „Thema" hart, hartweich, weich, z. B.: litovat, milovat, tancovat
mýt	–	langer Stammvokal í, ý, á, einsilbige unpräfigierte Verben und präfigierte Ableitungen, z. B.: krýt, mýt, žít, lít, šít, vít, výt, pít; hrát si, smát se, přát, hřát, dít se, pokrýt, umýt, zahřát, vysmát se
		Stammvokal ě, z. B.: chvět se, prospět, přispět, zachvět se

Klasse III

prosit	-i-	Konsonant vor dem „Thema" weich oder hartweich, z. B.: platit, chránit, chodit, půjčit, sloužit, spojit, musit, kazit, balit, lepit, zlomit, slavit
		Konsonantengruppen vor -i-, z. B.: brzdit, myslit, pustit

sázet	-e-	Konsonant weich (nur ž, š, č, ř, c, j) oder hartweich (nur l, s, z), z. B.: sázet, válet, viset, syčet, vyplácet, míjet, myslet, slyšet, porážet
rozumět	-ě-	Konsonant weich (nur ď, ť, ň) oder hartweich (nur b, p, v, m) Vokale, Konsonanten, oder Konsonantengruppen vor dem Stammauslaut, z. B.: pouštět, sedět, shánět, lpět, trpět, umět, rozumět, chybět

Klasse IV

nést	–	Konsonant hartweich: nur s, z Konsonantenwechsel s – t, s – d bei einigen Verben, langer Stammvokal, Infinitivsuffix unmittelbar nach dem Stammauslaut, z. B.: vést, mést, kvést, vézt, pást, klást, mást
brát	–	langer Vokal á (bei Präfigierungen kurzes a) Konsonantengruppen (oft mit l, r) vor dem Stammauslaut, z. B.: štvát, rvát, prát, naštvat, vyprat, porvat se Verb mlít, umlít
mazat	-a-	Konsonant hart: h, ch, k, r; hartweich: b, m, p, v, z, s, Vokal vor dem Stammauslaut, z. B.: plakat, vázat, křesat, lhát, lámat, chápat, párat, hrabat, plavat
zavřít	-í-	einsilbige Verben und Ableitungen von -vřít, -třít, -dřít, -přít,-zřít, -mřít, z. B.: vřít, třít, dřít se, přít se, otevřít, zavřít, zapřít, nadřít se
péci/ péct	–	Infinitivsuffix -ci/ct langer Vokal, z. B.: říci, péci, vléci, téci, (Diphthong) tlouci
tisknout	-nou-	Konsonant (Konsonantengruppe) hart, z. B.: tisknout, střihnout, nadchnout hartweich, z. B.: líznout, kousnout, napnout, blbnout
minout	-nou-	kurzer Vokal vor dem „Thema", z. B.: vinout, planout, vanout Verben hnout, schnout
přijmout		Ableitungen von -jmout, -tnout, -pnout und -čít najmout, zatnout, vypnout, začít

Produktiv sind die regelmäßigen Typen der Klassen I, II, III.
Der produktivste Verbtyp ist der Typ kupovat, Klasse II. Zu ihm gehören meistens auch die entlehnten Verben: telefonovat, produkovat, diskutovat, filmovat, profilovat se, kopírovat, programovat.

Die nicht mehr produktive Klasse IV hat die meisten Untertypen. Ihr gehören viele häufige Verben des Grundwortschatzes an.

Schwankungen in der Zugehörigkeit zu den Verbklassen mit der Tendenz zu dem produktiven Konjugationstyp gibt es bei den Klassen I, Typ dělat und IV, Typ mazat, z. B.: kopat – kopu IV/kopám I, koupat – koupu IV/koupám I.

Regelmäßige Verben

Klasse	Infinitiv	Partizip Perfekt Aktiv	Partizip Perfekt Passiv	1. Person Singular	3. Person Plural	Imperativ
I.	dělat	dělal	dělán	dělám	dělají	dělej!
	dát	dal	dán	dám	dají	dej!
II.	kupovat	kupoval	kupován	kupuji	kupují	kupuj!
	mýt	myl	myt	myji	myjí	myj!
III.	prosit	prosil	prošen	prosím	prosí	pros!
	sázet	sázel	sázen	sázím	sázejí	sázej!
	rozumět	rozuměl	srozuměn	rozumím	rozumějí	rozuměj!
IV.	nést	nesl	nesen	nesu	nesou	nes!
	brát	bral	brán	beru	berou	ber!
	mazat	mazal	mazán	mažu	mažou	maž!
	zavřít	zavřel	zavřen	zavřu	zavřou	zavři!
	péci	pekl	pečen	peču	pečou	peč!
	tisknout	tiskl	tištěn/tisknut	tisknu	tisknou	tiskni!
	minout	minul	minut	minu	minou	miň!
	přijmout	přijal	přijat	přijmu	přijmou	přijmi!

Unregelmäßige Verben

	Infinitiv	Partizip Perfekt Aktiv	Partizip Perfekt Passiv	1. Person Singular	3. Person Plural	Imperativ
	být	byl	–	jsem	jsou	buď!
I	mít	měl	–	mám	mají	měj!
II	chtít	chtěl	chtěn	chci	chtějí	chtěj!
III	vědět	věděl	–	vím	vědí	věz!
	jíst	jedl	sněden	jím	jedí	jez!
	spát	spal	–	spím	spí	spi!
	bát se	bál se	–	bojím se	bojí se	boj se!
	stát	stál	–	stojím	stojí	stůj!
IV	moci	mohl	–	mohu/můžu	mohou/můžou	pomoz!
	stát se	stal se	–	stanu se	stanou se	staň se!
	číst	četl	čten	čtu	čtou	čti!
	psát	psal	psán	píšu/píši	píšou/píší	piš!
	jít	šel	–	jdu	jdou	jdi!/pojď!
	jet	jel	jet	jedu	jedou	jeď!
	vzít	vzal	vzat	vezmu	vezmou	vezmi!
	růst	rostl	–	rostu	rostou	–
	hnát	hnal	hnán	ženu	ženou	žeň!

Die unregelmäßigen Verben lassen sich im Prinzip den einzelnen Verbklassen zuordnen, weisen jedoch in einigen Formen bzw. im verbalen Stamm Abweichungen auf. Außerhalb der Verbklassen steht das Verb být.
Von den Modalverben muset, moci, chtít, mít, smět werden muset und smět regelmäßig (III. Klasse) konjugiert Die Verben moci (können), chtít (wollen) und mít (sollen) sind unregelmäßig (vgl. Tabelle).

Besonderheiten des tschechischen Verbs

Der vollendete und unvollendete Aspekt

Das Wesen des verbalen Aspektes besteht in einer unterschiedlichen Betrachtung des vom Verb bezeichneten Geschehens. Dieses wird zum einen als ein abgeschlossenes Ganzes (vollendeter Aspekt) gekennzeichnet, und zum anderen als ein Geschehen ohne eine explizite Begrenzung (unvollendeter Aspekt) dargestellt.

vollendeter Aspekt	unvollendeter Aspekt
abgeschlossene Handlungen mit der Hervorhebung des erreichten Endzustandes	Handlungen (Bewegungen, Zustandsveränderungen) auf den Endzustand gerichtet
Typ přijít přijít, sednout si, zmrznout, odemknout	přicházet, sedat si, mrznout, odemykat
eine Handlung mit dem erzielten (meist durch das Objekt festgelegten) Ergebnis	eine Handlung auf das festgelegte Ziel gerichtet
Typ přečíst přečíst, koupit, podepsat	číst, kupovat, podepisovat
eine (herbeigeführte) abgeschlossene Situation, die oder deren Folgen eine bestimmte Zeit andauern	ein wiederholtes Vorkommen solcher Situationen
Typ navštívit navštívit, zatknout, podvést	navštěvovat, zatýkat, podvádět
eine punktuelle Handlung als abgeschlossene Einzeltat	Serie punktueller Handlungen
Typ bodnout bodnout, pohnout, přeřeknout se	bodat, pohybovat, přeříkávat se

Das Geschehen eines unvollendeten Verbs kann demnach unterschiedlich, allgemein oder mit der Hervorhebung des Verlaufes, nur nicht als ein explizit abgeschlossenes Geschehen gesehen werden.

Jedes Verb gehört einem der Aspekte an. Es gibt:
– Aspektpaare, bei denen zu einer Bedeutung des Verbs (z. B. kaufen) zwei Formen, das vollendete (koupit) und unvollendete (kupovat) Verb gehören;

– beidaspektige Verben, die – je nach Kontext – als vollendet oder unvollendet aufgefaßt werden;
– einaspektige Verben, die nur als vollendet, z. B. zranit (verletzen) oder nur als unvollendet, z. B. přemýšlet (nachdenken) betrachtet werden,
– Verben mit einer rein grammatischen Aspektzugehörigkeit.

Aspektpaare

unvollendetes Verb	kupovat	číst	přistávat	bodat	červenat
vollendetes Verb	koupit	přečíst	přistát	bodnout	zčervenat

Bei den Aspektpaaren stehen die beiden Betrachtungsweisen des Geschehens jeweils im Kontrast. Begründet durch die nicht explizit festgelegte Betrachtungsweise des unvollendeten Verbs und abhängig von der Art der Abgeschlossenheit des Geschehens gibt es folgende Kontrastmöglichkeiten:

unvollendeter Aspekt	vollendeter Aspekt
allgemeines oder gewohnheitsmäßiges Geschehen	aktuelles abgeschlossenes Geschehen
dieser Kontrast betrifft alle Aspektpaare, unabhängig von der Art der Abgeschlossenheit des vollendeten Verbs	
Rád si čtu. Heřmánek (Kamille) léčí. My dveře nezamykáme. (Wir schließen für gewöhnlich die Tür nicht zu.) Psi koušou. Paní Horáková prodává v Kotvě.	Rád si ráno přečtu noviny. Vyléčil ji heřmánek. Dneska zamkneme. (Heute werden wir zuschließen.) Kousl ho pes. Paní Horáková nám prodala psa.
Verlauf (das Geschehen im Gange, auf das notwendige/angestrebte Ziel zu)	Ergebnis (das Erreichen des Endzustandes oder des angestrebten Ziels)
dieser Kontrast ist relevant für die Verben der Typen přijít und přečíst; er wird bei dem unvollendeten Verb häufig mit einem Temporaladverb (ještě pořád) unterstützt	
Letadlo přistávalo. Právě přicházel. Ještě se rozhodoval. Četl noviny.	Letadlo přistálo. Právě přišel. Rozhodl se. Přečetl noviny.
Serie abgeschlossener Handlungen, Situationen	punktuelle Handlung, abgeschlossene Situation
Dieser Kontrast ist für die Verben der Typen bodnout und navštívit relevant	
Kousal jablko. Navštěvoval ho. Přeříkával se.	Kousl do jablka. Navštívil ho. Přeřekl se.

49 Der Aspekt und die Negation
Bei der **Negation** wird das Geschehen jeweils in der für das Verb relevanten Betrachtungsweise negiert:
Noviny nekupoval. (Im allgemeinen kaufte er keine Zeitungen.)
Noviny nekoupil. (Eine Zeitung/Zeitungen hat er nicht gekauft.)

Bei dem **negativen Imperativ** verwendet man für eine neutrale Aufforderung das unvollendete, z. B.:

Nekupuj to! Nezavírej! Nezamykej!

für eine nachdrückliche Aufforderung, Warnung oder Mahnung das vollendete Verb, z. B.:

Nespadni! Nekup to! Nepíchni se!

50 Der Aspekt in Temporalsätzen
Das unvollendete, unbegrenzte Verb kennzeichnet eine Gleichzeitigkeit der Handlungen, das vollendete Verb die Nach- oder Vorzeitigkeit einer Handlung.

unvollendeter Aspekt	vollendeter Aspekt
Zavíral dveře a uslyšel telefon. (während des Schließens)	Zavřel dveře a uslyšel telefon. (nachdem er die Tür geschlossen hatte)

Im Falle des **Typs navštívit** dauert die herbeigeführte Situation eine bestimmte Zeit an, deshalb kann dieses vollendete Verb auch Gleichzeitigkeit kennzeichnen, z. B.:

Když ho navštívil (d. h. während seines Besuches bei ihm), zapomněl se ho na to zeptat. Když ho (ještě) navštěvoval, (d. h. als er ihn noch hin und wieder besuchte), zapomněl se ho na to zeptat.

Der Aspekt in Verbindung mit temporalen adverbialen Bestimmungen
– Verbindungen mit temporalen adverbialen Bestimmungen, die eine **Dauer** bezeichnen, können nur unvollendete Verben eingehen, wie z. B.: pořád, pět hodin, celé odpoledne, dva měsíce, dlouhou dobu: Pět hodin řešil ten úkol. Pořád psal dopisy. Celé odpoledne psal dopisy.

– Ein bestimmter **Zeitraum**, in dem eine Leistung bilanziert wird, ist nur für vollendete Verben denkbar: Za jak dlouho tu radnici postavili? Postavili ji za pět let.

– Ein bestimmter **Zeitpunkt** (ve tři hodiny, včera) oder ein Zeitraum, der sowohl als eine Dauer als auch als ein Bilanzierungszeitraum aufgefaßt werden kann (mezi druhou a třetí hodinou), sind für beide Aspekte jeweils in der relevanten Betrachtungsweise denkbar: Ve tři hodiny jsem obědval. Ve tři hodiny jsem se naobědval. Mezi druhou a třetí hodinou obsloužil deset zákazníků. Mezi druhou a třetí hodinou obsluhoval zákazníky.

– Sowohl ein unvollendetes als auch ein vollendetes Geschehen ist grundsätzlich wiederholbar, allerdings jeweils in der relevanten Betrachtungsweise, z. B.: někdy, často, vždycky kupuje (Handlung an sich), koupí (aktuell), bodá (Serie), bodne (Einzeltat).

– Bei einer genauen Angabe der Wiederholungen (z. B. několikrát, pětkrát) wird vor allem das vollendete Verb verwendet, weil die Ergebnisse bilanziert werden, z. B.: Přečetl to pětkrát/několikrát. Navštívil nás už nejméně padesátkrát.

Beidaspektige Verben
Es sind nur sehr selten Verben tschechischen Ursprungs, wie z. B.:
  věnovat (widmen), obětovat (opfern), účinkovat (wirken).
Meistens sind es Entlehnungen, wie z. B.: informovat, absolvovat.
Im allgemeinen besteht aber auch bei den Entlehnungen der Trend zur Markierung des vollendeten Aspekts: telefonovat – **za**telefonovat.

Einaspektige Verben
Einige Verben bilden keine Aspektpaare.
Nur vollendet sind viele Verben, deren Bedeutung nur aus dem Erreichen eines Ergebnisses besteht, z. B.:
  zranit (verletzen), nadchnout se (sich begeistern), spatřit (erblicken), stihnout, stačit (schaffen im Sinne das Ziel erreichen), uspět (Erfolg haben).
Nur unvollendet sind Verben, deren Bedeutung nur aus der Verlaufskomponente besteht, z. B.:
  přemýšlet, váhat (zögern), otálet (trödeln, bummeln), vyprávět,
Verben, die Gefühle ausdrücken, wie z. B.:
  líbit se, milovat, nenávidět,
sowie Zustandsverben, wie z. B.:
  bát se, sedět, spát, ležet.
Von den unvollendeten Verben der Aspektpaare, sowie von den nur unvollendeten Verben werden vollendete Verben der Aktionsarten: Dauer (↗ 52) und Maß (↗ 53) des Geschehens gebildet, z. B.:
  navyprávět se, pospat si, zamilovat se

Verben mit einer rein grammatischen Aspektzugehörigkeit
sind Modalverben und Verben, die Beziehungen und Empfindungen ausdrücken, wie smět, muset, patřit, souviset, záviset, jmenovat se, znamenat, líbit se. Für diese sind die inhaltlichen Besonderheiten des Aspekts nicht relevant. Sie gehören grammatisch dem unvollendeten Aspekt an.

Grammatische Charakteristika des Aspekts

Der verbale Aspekt hat Konsequenzen für die Bildung von Verbformen.

Der Aspekt und das Tempussystem
Das vollendete Geschehen kann nicht als verlaufend aufgefaßt werden, deswegen weisen vollendete Verben auch kein Präsens, sondern nur Perfekt oder Futur auf. Die unvollendeten Verben bilden dagegen alle Tempusformen:

	Perfekt	Präsens	Futur
vollendet	přečetl jsem	–	přečtu
unvollendet	četl jsem	čtu	budu číst

Nur die vollendeten Verben bilden die Formen des Resultativs (➚ 62), z. B. mám uvařeno, sowie die Formen des Transgressivs (➚ 65) Perfekt (zavolav).

Nur die unvollendeten Verben
– verbinden sich mit den Phasenverben, z.B.: začít mluvit
– bilden iterative Formen mit Hilfe des Infixes -va- (➚ 51), z. B.: říkávat
– bilden die Formen des Partizips Präsens Aktiv (➚ 64), z.B.: bydlící,
– bilden die Formen des Transgressivs (➚ 65) Präsens, z.B. stojíc
– bilden die vollendeten Formen der Aktionsart „Maß des Geschehens" (➚ 53), z.B.: namluvit se, nachodit se.

Die Modalverben verbinden sich mit den Verben beider Aspekte, z.B. mohu/můžu mluvit, mohu/můžu promluvit.

Die Formen der vollendeten und unvollendeten Verben unterscheiden sich
– im verbalen Stamm (Stammvarianten), d.h. es existieren:
• zwei unpräfigierte Formen des Verbs:

vollendet	dát	hnout	hodit	koupit	minout	pustit	říci	vrátit
unvollendet	dávat	hýbat	házet	kupovat	míjet	pouštět	říkat	vracet

• zwei präfigierte Formen des Verbs:

vollendet	unvollendet	vollendet	unvollendet
(za)čít	(za)čínat	(za)jmout	(za)jímat
(vy)čkat	(vy)čkávat	(u)klidit	(u)klízet
(po)hlédnout	(po)hlížet	(za)tnout	(za)tínat
(pře)ložit	(pře)kládat	(za)pnout	(za)pínat
(za)mknout	(za)mykat	(z)tratit	(z)trácet
(vz)pomenout	(vz)pomínat	(za)tknout	(za)týkat
(po)slat	(po)sílat	(za)kázat	(za)kazovat
(v)stoupit	(v)stupovat	(pře)stat	(pře)stávat

– durch das Präfix des vollendeten Verbs, z. B.:

unvollendet	červenat	číst	dělat	psát	počítat
vollendet	zčervenat	přečíst	udělat	napsat	spočítat

Durch Präfigierung entstehen auch vollendete Verbvarianten der Entlehnungen, z.B.:

unvollendet	telefonovat	tancovat	alarmovatt
vollendet	zatelefonovat	zatancovat	zalarmovat

Als Aspektpaare gelten die präfigierten vollendeten Verb nur dann, wenn durch das Präfix die Aktionsart nicht verändert wird.
Es gibt suppletive Aspektformen, z. B.: **brát** (unvollendet) und **vzít** (vollendet).
Die unterschiedlichen Aspektformen gehören oft unterschiedlichen Verbklassen an.

Kl.	Verbstamm vollendet	Kl.	Verbstamm unvollendet	Kl.	Verbstamm vollendet	Kl.	Verbstamm unvollendet
I.	-dělat	I.	-dělávat	III.	-hodit	II.	-hazovat
	-dat		-dávat		-věřit		-věřovat
II.	-mýt	I.	-mývat		-tvořit	III.	-tvářet
	-hrát		-hrávat		-platit		-plácet
	-hřát		-hřívat	IV.	-nést	III.	-nášet
	-pít	III.	-píjet		-brat	I.	-bírat
III.	-rozumět	I.	-rozumívat		-mazat		-mazávat
	-mluvit		-mlouvat		-vázat	II.	-vazovat
	-prosit	II.	-prošovat		-třít	I.	-tírat
	-držet		-držovat		-téci		-tékat

Es gibt viele ausschließlich präfigierte Stammvarianten, z. B. -slat, -mknout. Dies ist bei der unvollendeten präfigierten Stammvariante fast die Regel, z. B. -hlížet, -mykat, -kazovat, -pírat.

Die unvollendete Verbvariante hat häufig gegenüber der vollendeten einen erweiterten Verbstamm.

Die unbestimmten und zielgerichteten Bewegungsverben

Die Verben der Bewegung verfügen in der Regel über zwei unpräfigierte Formen mit gleicher Bedeutung:

unbestimmte Bewegung	chodit	běhat	nosit	vodit	létat
zielgerichtete Bewegung	jít	běžet	nést	vést	letět

Diese unvollendeten Verben unterscheiden sich durch die Betrachtung der Bewegung:
– das zielgerichtete Bewegungsverb bezeichnet eine Bewegung auf ein bestimmtes Ziel zu,
– das unbestimmte Bewegungsverb bezeichnet die Bewegung allgemein, eine mehrmalige Bewegung (hin und zurück), oder eine Bewegung in verschiedenen Richtungen.

Bewegung an sich oder in verschiedene Richtungen auf ein Ziel zu	eine bestimmte (aktuelle) Bewegung
Petříček už chodí.	Petr tamhle jde.
Rád se vozí autem.	Veze turisty na pláž.
Jen si tady tak běhá.	Běží na tramvaj.

mehrmalige Bewegung (ohne zusätzliche auf eine Wiederholung hinweisende Wörter)	einmalige Bewegung
Chodí do divadla. Nosím knihy do knihovny.	Šel do divadla. Nesu knihy do knihovny.

In Verbindung mit den auf eine Wiederholung hinweisenden Wörtern kann auch das zielgerichtete Verb als wiederholt verstanden werden: Chodili jsme často do divadla. Často jsme šli do divadla. Die zielgerichtete Variante betont dann wiederum das Einzelereignis, die unbestimmte die Bewegung an sich.
(Zu den Futurformen zielgerichteter Bewegungsformen ↗ 59)

Durch die Präfigierung der zielgerichteten und der unbestimmten Bewegungsverben entstehen **Aspektpaare**. Die Verbstämme werden dabei, vor allem bei dem unbestimmten Bewegungsverb, in der Regel verändert.

kein Aspektpaar beide unvollendet		Aspektpaar vollendet	unvollendet
jít	chodit	-jít Perfekt (-šel)	-cházet
jet	jezdit	-jet	-jíždět
nést	nosit	-nést	-nášet
vést	vodit	-vést	-vádět
vézt	vozit	-vézt	-vážet
táhnout	tahat	-táhnout	-tahovat
běžet	běhat	-běhnout	-bíhat

Von dem unbestimmten Bewegungsverb wird die Aktionsart „Maß des Geschehens" gebildet (↗ 53).

Spezifische Aktionsarten

Unter der Aktionsart wird verstanden die sprachliche Erfassung der Verlaufsweise des Geschehens. Diese betrifft sowohl grundsätzliche Bedeutungsmerkmale des Verbs, als auch seine zusätzliche Determinierung durch die Kategorien wie Phase, Dauer, Iterativität, Intensität. Nach den grundsätzlichen Bedeutungsmerkmalen des Verbs wird z. B. unterschieden zwischen:
– Handlungen, z. B. kupovat, vařit und Vorgängen, z. B. stárnout, kvést

– durativen Handlungen (solchen, die eine ausgeprägte Verlaufskomponente haben), wie sedět, číst und punktuellen Handlungen, (Handlungen, bei denen der Verlauf und Ergebnis in einen Augenblick zusammenfallen), z. B. bodnout, kousnout,

– Agensverben (das Subjekt ist der Handlungsträger), z. B.: smát se, zlobit se, und Faktitiva (das Subjekt verursacht die Handlung, den Zustand eines anderen), z.B.: rozesmát, rozzlobit někoho, u. v. a. m.

Durch diese grundsätzlichen Bedeutungsmerkmale wird die Bildung bestimmter Aspektformen beeinflußt. Die zusätzliche Determinierung des Geschehens erfolgt mit Hilfe der Ableitung. Es gibt hauptsächlich folgende Aktionsarten:
– die Phasen des Geschehens – die Iterativität
– die Dauer des Geschehens – das Maß des Geschehens.

Die Phasen des Geschehens
In dieser Aktionsart bilden die Verben bei der Kennzeichnung der Anfangs- und Endphase Aspektpaare.
Anfangsphase: roz- rozjíždět se/rozjet se, rozbíhat se/rozběhnout se
Endphase: do- docházet/dojít, dočítat/dočíst, dopisovat/dopsat,
  dozpívávat/dozpívat
Das unvollendete Verb bringt den Anfang der jeweiligen Phase und ihren Verlauf, jedoch nicht ihr Beenden zum Ausdruck.
Das vollendete Verb grenzt die Phase als Ganzes ab, markiert deutlich aber nur ihr Beenden. Das bedeutet, daß bei der Anfangsphase der Lauf, voller Gang der Handlung erreicht ist, z. B. auto se rozjelo (es ist bereits in voller Fahrt).
So markierte Handlungen können als Handlungen in der mittleren Phase interpretiert werden: mít rozečtenou knihu, rozepsaný dopis, rozdělanou práci.

51 Die Iterativität
Mit Hilfe des Infixes -va- (auch verdoppelt -váva-), eingefügt in den Infinitivstamm unvollendeter Verben, kann man wiederholtes Geschehen ausdrücken, z. B.:

říkat – říkávat; mít – mívat; být – bývat (zu sagen, zu haben, zu sein pflegen).

Das abgeleitete Verb bleibt unvollendet.
Die iterativen Formen werden nicht mehr regelmäßig verwendet. Oft wird ein wiederholtes Geschehen statt dessen mit einem Adverb (z. B. často, pořád) ausgedrückt.
Verwendet werden die iterativen Formen in festen Wendungen mit den Verben **být** oder **mít**, in Sprichwörtern und Volksliedern:

Jak to náš dědeček říkával. Odpoledne nemívám hlad. To nebývá zvykem.
Bejvávalo, bejvávalo, bejvávalo dobře ... (Volkslied) (➚ **3**)
Když jsem k vám chodíval přes ty lesy, ach ouvej ... (Volkslied).

Die iterative Form des Hilfsverbs být „bývat" ist Bestandteil des Konditionals Perfekt Passiv: byl by býval zatčen (er wäre verhaftet gewesen).

52 Die Dauer des Geschehens
Mit Hilfe der Präfixe kann man das Geschehen unvollendeter Verben abgrenzen.
kurze Dauer: za- zasmát se, zaplakat, zaváhat
lange Dauer: pro- prospat, prosedět, proplakat
Durch das vollendete Verb entstehen Verbpaare, die zu einer Bedeutung gehören. Es sind keine Aspektpaare, es sind Aktionsartpaare mit dem Kontrast:

Geschehen	Geschehen mit kurzer Dauer	Geschehen mit langer Dauer
smát se, váhat	zasmát se, zaváhat	
plakat	zaplakat	proplakat (celou noc)

53 Das Maß des Geschehens

Durch diese Aktionsart werden Handlungen und Zustände aller Art nach den Kriterien: geringes Maß; großes Maß; in dem Maße, wie es möglich ist; so, wie es nötig oder möglich war; ein erschöpfendes Maß, eingestuft. Diese Aktionsart wird von den Verben unvollendeten Aspektes, d. h. den
- unvollendeten Verben eines Aspektpaares,
- nur unvollendeten Verben,
- unbestimmten Bewegungsverben

gebildet. Die Verben mit dieser Aktionsart sind meistens vollendet, die Abgeschlossenheit wird durch die Festlegung eines bestimmten Maßes des Geschehens erzielt. Diese Aktionsart wird gekennzeichnet z. B. durch die Präfixe:

po-		ein geringes Maß des Geschehens, z. B.: pokašlávat, pokulhávat, postonávat (unvollendeter Aspekt) pohubnout (vollendeter Aspekt)
za- + se		eine sehr intensive Handlung, Zustand z. B.: začíst se, zamilovat se,
na- + se		ein hohes Maß einer Handlung, massive Handlung (oft und intensiv, vollendeter Aspekt): napsat se, nasedět se, napracovat se. (↗ 11)

Durch das vollendete Verb entstehen Verbpaare, die eine Bedeutung betreffen. Es sind keine Aspektpaare, es sind Aktionsartpaare mit dem Kontrast:

Geschehen	Geschehen mit einer Intensitätsdeterminierung
chodit, milovat, mluvit	nachodit se, zamilovat se, umluvit se.

Die Präfixe sind manchmal mehrfunktional, so kann das Präfix **po-** sowohl ein geringes (pohubnout) als auch ein erschöpfendes (pozavírat) Maß des Geschehens; das Präfix **za-** (zaváhat) eine kurze Dauer und eine intensive Handlung (začíst se, zamilovat se); das Präfix **u- + se** eine geringe Intensität (usmát se) und eine Übermaß an Handlung (uchodit se) kennzeichnen.

Die Unterscheidung der einzelnen Aktionsarten ist entweder aus dem betroffenen Verb ersichtlich, oder, wenn beide Präfixe in beiden Funktionen bei einem und demselben Verb verwendet werden können, z. B. usmát se, kann je nach Kontext entweder ein geringes Maß (und Einmaligkeit), oder ein Übermaß (sich totlachen) an dieser Handlung bedeuten. Aus dem Kontext ist die jeweilige aktuelle Aktionsart jedoch eindeutig.

Reflexive Verben und reflexive Formen

Im Tschechischen unterscheidet man zwischen den reflexiven Verben und den reflexiven Formen nicht reflexiver Verben.

Die **Reflexivverben** kommen entweder als Reflexiva tantum, z. B.:

smát se, ptát se, divit se, jmenovat se, hrát si

oder als Verben mit nichtreflexiven Parallelen vor, z. B.:

mýt se – mýt něco, někoho, přát si něco – přát někomu něco.

Die Reflexivverben besitzen ein vollständiges Konjugationssystem (3 Personen in zwei Numeri), sie bilden jedoch nicht alle Verbformen (von den Reflexivverben werden keine Formen des Passivs und des Resultativs gebildet).
In der Konjugation wird das Reflexivpronomen se oder si in allen 3 Personen verwendet: Já se ptám. My si hrajeme. (➚ **39**)

Viele nichtreflexive Verben treten in reflexiven Formen – dann aber nur in der 3. Person – auf.
Reflexive Formen drücken vor allem das unpersönlich aufgefaßte Geschehen aus:
– als unpersönliches Passiv: Staví se tu domy.

– zur Hervorhebung des Geschehens und des von diesem Geschehen Betroffenen: Jak se ti vede? Jak se Vám daří? Jak se ti spalo? Jak se ti sedí?

– als Kennzeichnung des allgemeinen Subjekts (➚ **74**), z. B.:
To se nesmí. (Das darf man nicht machen.) Říká se to. (Man sagt es.)
To se ví! (Na klar! Versteht sich!)
To se rozumí samo sebou. (Das versteht sich von selbst.)

Die reflexiven Formen werden darüber hinaus verwendet:
– in der Aktionsart Maß des Geschehens, z. B.: naběhat se, namluvit se
Ten se toho namluví! (Der redet was zurecht!)

– zur Betonung der Konsequenzen der Handlung zugunsten oder auf Kosten des Subjekts (➚ **39**): Já **se** s tím nadřu. On **si** tady sedí a užívá **si** sluníčka.

Die Bildung finiter Verbformen

Die finiten Verbformen werden unterteilt in:
– einfache, bestehend nur aus den konjugierten Formen des Vollverbs und
– zusammengesetzte, bestehend aus den konjugierten Formen eines Hilfsverbs und den infiniten Formen des Vollverbs (z. B. Perfektformen, Konditionalformen).

Einfache finite Formen sind:
– das Präsens unvollendeter und das Futur vollendeter Verben,
– Futurformen zielgerichteter Verben,
– Futurformen des Hilfsverbs být mit eigener Konjugation,
– der Imperativ,
– das unpersönliche Passiv.
Alle anderen Verbformen sind zusammengesetzt.

Bestandteile der zusammengesetzten Verbformen

finite Formen: Präsens, Futur und Konditional des Hilfsverbs být, bei dem Resultativ (➚ **62**) die Präsensformen des Hilfsverbs mít,

infinite Formen: Infinitiv, die Partizipen Perfekt Aktiv und Passiv des Vollverbs und des Hilfsverbs **být**, bei Resultativ auch des Hilfsverbs **mít**.

54 Finite Formen des Verbs být

	Präsens	Futur	Konditional
Singular			
1. Person	jsem	budu	bych
2. Person	jsi	budeš	bys
3. Person	je	bude	by
Plural			
1. Person	jsme	budeme	bychom
2. Person	jste	budete	byste
3. Person	jsou	budou	by
Imperativ	buď!	buďme!	buďte!

Das Verb být funktioniert als
- Vollverb mit der Bedeutung „existieren" oder „sich befinden", z. B.: Důkazy pro to nejsou. Petr je doma.
- Kopula, z. B.: Petr je student.
- Hilfsverb, z. B.: Napsal jsem článek.

Die Negation der Präsens- und Futurform des Verbs být wird mit Hilfe des Präfixes **ne**- gebildet, z. B.: nejsem, nebudu. Die negierte Form der 3. Person Singular lautet **není** (ist nicht), z. B.: Jana není doma. (Jana ist nicht zu Hause.)

Die Form **jest** in der 3. Person Singular Präsens tritt nur noch in festen Wendungen buchsprachlichen Stils auf, z. B.: to jest (d. h.), oder in alten Texten.

Die Konditionalform tritt nicht selbständig, sondern nur als Bestandteil der zusammengesetzten Konditionalform auf, z. B.: byl bych. Negiert werden andere Bestandteile dieser Form, die Partizipien, z. B.: nebyl bych.

Die Formen bych, by sind Bestandteil der Konjunktionen aby und kdyby (↗ 70).

Finite Formen des Verbs mít (vgl. S. 97).

Der Infinitiv

55 Der Infinitiv, die Grundform des Verbs, hat im Tschechischen zwei Suffixe mit je zwei Varianten: -**t** bzw. -**ti** (letzteres ist veraltet)
-**ci** bzw. -**ct** (letzteres galt früher als unkorrekt, gegenwärtig wird es bei einigen Verben, auch in der Schriftsprache geduldet).

Der Infinitiv auf -**ti** findet sich außer in älteren Texten, z. B. in Sprichwörtern wie:

Mlčeti zlato. (Schweigen ist Gold.) Pozdě bycha honiti. (sinngemäß: Es ist sinnlos [zu spät], dem „hätte ich …" hinterherzujagen.)

Die Partizipien Perfekt Aktiv und Passiv

verändern in den zusammengesetzten Verbformen ihre Formen nach Genus und Numerus. Das Partizip Perfekt Aktiv wird mit dem Suffix **-l**, das Partizip Perfekt Passiv mit den Suffixen **-n** oder **-t** gebildet.

Die Bildung des Partizips Perfekt Aktiv

56

	Maskulinum		Femininum	Neutrum
	belebt	unbelebt		
Singular	nesl		nesla	neslo
Plural	nesli	nesly	nesly	nesla

Verbale Klassen							
I		II		III			
dělat	dát	kupovat	mýt	prosit	rozumět	sázet	
dělal	dal	kupoval	myl	prosil	rozuměl	sázel	
IV							
nést	brát	mazat	zavřít	péci	tisknout	minout	přijmout
nesl	bral	mazal	zavřel	pekl	tiskl	minul	přijal

Nur von einigen Verben werden lange Formen des Partizips Perfekt Aktiv (verbale Adjektive) gebildet, z. B. minulý. Diese Formen werden ausschließlich in den selbständigen Funktionen im Satz (↗ **64**) verwendet.

Besonderheiten bei der Bildung des Partizips Perfekt Aktiv

Klasse I: Kürzung des Vokals bei den Verben des Typs **dát**: dbal, znal

Klasse II: Kürzung des Vokals bei den Verben des Typs **mýt** mit dem Stammvokal í/ý: myl, pil; Veränderung der Stammvokalqualität bei den Verben dít se, plít: děl se, plel

Klasse IV: Kürzung des Vokals bei dem Typs **nést**: nesl, vezl
Konsonantenwechsel bei einigen Verben des Typ nést:

   s – d   krást, vést, klást – kradl, vedl, kladl   s – t   mést, plést – metl, pletl

Kürzung des Vokals bei dem Typ **brát**: bral, pral;
Veränderung der Vokalqualität bei dem Verb mlít – mlel;
Veränderung der Vokalqualität bei dem Typ **zavřít**: zavřel, odepřel, utřel;
Kürzung des Vokals bei dem Typ **péci**: pekl, tekl (außer Ableitungen vom Verb vléci (obléci [historisch entstanden aus obvléci] – oblékl, svlékl, navlékl, povlékl;
Veränderung der Vokalqualität bei dem Verb říci – řekl;
Wegfall der Lautgruppe -nou- bei dem Typ **tisknout**: tiskl, zamkl;
Bildung der Formen nach dem Typ minout; bei den Verben schnout und hnout, sowie einigen Verben mit **l** oder **r** im Stamm: schnul, hnul, hrnul, smlsnul si, blbnul.
Veränderung -nou-, -nu- bei dem Typ **minout** minul, prominul;
Bildung der Formen vzpomněl, zapomněl bei vzpomenout und zapomenout;

Typ **přijmout**
Ableitungen von -čít, z. B.: začít, počít   začal, počal

Verb jmout (jal) und Ableitungen			Partizip		
přijmout	zajmout	zaujmout	přijal	zajal	zaujal
najmout	pojmout	jmout	najal	pojal	jal
vyjmout	sejmout	odejmout	vyňal	sňal	odňal
projmout			projmul		

Varianten in der Bildung des Partizips bei den Verben
pnout und Ableitungen, z. B.: napnout: -pjal   neben -pnul, napjal, napnul
tnout und Ableitungen, z. B.: zatnout: -ťal   neben -tnul, zaťal, zatnul.

Diese Varianten sind manchmal bedeutungsunterscheidend:
-nul wird oft in konkreter Bedeutung, z. B.: zapnul, vypnul proud, napnul lano
-jal in übertragener Bedeutung: napjal své síly, vypjal všechnu energii verwendet.

In den Formen des Maskulinums Singular bei Verben mit einem Konsonantenauslaut (Klasse IV, Typen nést, péci, tisknout) wird oft das Suffix-l weggelassen, z. B.: nes, tisk, zved, pek. Skutek utek. (Sprichwort: Die Taten sind ausgeblieben). Bei dem Typ tisknout werden oft die Formen des Typs minout verwendet: zamknul, zvednul.

Die Formen ohne -l im Maskulinum Singular werden auch in der poetischen Sprache verwendet, z. B.: třás´, nes´, das fehlende -l ist durch einen Apostroph angedeutet.

Das Partizip Perfekt Aktiv unregelmäßiger Verben
být – byl, mít – měl; spát – spal; stát se – stal se; jet – jel; chtít – chtěl; bát se – bál se; číst – četl; vzít – vzal; vědět – věděl; stát – stál; psát – psal; růst – rostl; jíst – jedl; moci – mohl; jít – šel; hnát – hnal

57 Die Bildung des Partizips Perfekt Passiv

	Maskulinum		Femininum	Neutrum
	belebt	unbelebt		
Singular	nesen		nesena	neseno
	přijat		přijata	přijato
Plural	neseni	neseny	neseny	nesena
	přijati	přijaty	přijaty	přijata

Verbale Klassen							
I		II		III			
dělat	dát	kupovat	mýt	prosit	rozumět	sázet	
dělán	dán	kupován	myt	prošen	(s)rozuměn	sázen	
IV							
nést	brát	mazat	zavřít	péci	tisknout	minout	přijmout
nesen	brán	mazán	zavřen	pečen	tisknut	minut	přijat

Von dem Partizip Perfekt Passiv werden lange Formen mit Hilfe des Suffixes -ý (verbales Adjektiv), Adjektiv, substantiviertes Adjektiv gebildet. Diese werden in der Umgangssprache häufig in den zusammengesetzten Verbformen verwendet. Daneben erfüllen sie selbständige Funktionen im Satz (↗ **64, 81**).

Das Suffix **-n** nehmen an: alle Verben der I. Klasse; alle Verben der II. Klasse,Typ kupovat; Verben der II. Klasse: hrát, přát si, přispět, odít, zrát; alle Verben der III. Klasse; Verben der IV. Klasse: Typ nést, Typ brát, Typ mazat, Typ zavřít, Typ péci; Verben auf -nout mit Konsonantenwechsel; unregelmäßige Verben číst, psát, hnát; Ableitungen vom Verb -moci.

Das Suffix **-t** nehmen an: Verben der II. Klasse, Typ mýt (mit Ausnahme der oben genannten Verben); Verben der IV. Klasse (mit Ausnahme der o. g. Verben): Verben auf -nout ohne Konsonantenwechsel; Typ přijmout; unregelmäßiges Verb vzít.

Besonderheiten bei der Bildung des Partizips Perfekt Passiv

Klasse I: langes **á** bei allen Verben der Klasse I: dělán, dán, rozpoznán

Klasse II: langes **á** bei dem Typ **kupovat**: kupován, nafilmován, obdivován
Kürzung des Stammvokals í/ý bei demTyp mýt: myt, pit
Veränderung der Vokalqualität bei den Verben plít, dít se : (vy)plet, (o)děn

Klasse III: Konsonantenwechsel bei dem Typ **prosit**:

ď – z	zradit – zrazen; narodit se – narozen; soudit – souzen;
t – c	vrátit – vrácen; platit – placen; ztratit – ztracen;
z – ž	zkazit – zkažen; porazit – poražen
s – š	prosit – prošen; vymyslit – vymyšlen
zd – žď	zpozdit – zpožděn
st – šť	čistit – čištěn; pustit – puštěn

Viele Verben gleichen Stammauslautes, meistens solche, die von Substantiven oder Adjektiven abgeleitet wurden, bilden die Partizipformen ohne Konsonantenwechsel, z. B.:

pocta – poctít – poctěn, **brzda** – brzdit – brzděn, **mez** – omezit – omezen, **cizí** – odcizit – odcizen, **obraz** – zobrazit – zobrazen, **místo** – umístit – umístěn.

Klasse IV: Kürzung des Vokals bei dem Typ **nést**: nesen, vezen
Konsonantenwechsel bei einigen Verben dieses Typs:

s – d	vést, klást, krást – veden, kladen, kraden,
s – t	plést, mést, mást – meten, pleten, maten;

Veränderung der Vokalqualität bei dem Verb třást – třesen.

Veränderung der Vokalqualität bei dem Verb mlít – (u)mlet bei dem Typ **brát**;

Verlängerung des Vokals bei dem Typ **mazat**: mazán, vázán, chápán;

Veränderung der Vokalqualität bei dem Typ **zavřít**: zavřen;

Typ **péci**: Konsonantenwechsel

c – č	péct, obléct – pečen, oblečen;
c – ž	bei den Ableitungen von dem unregelmäßigen Verb moci, z. B.: přemožen, namožen;

Veränderung der Vokalqualität bei den Verben tlouci – tlučen, říci – řečen;

Konsonantenwechsel bei einigen Verben des Typs **tisknout**:

sk – šť	tisknout – tištěn (gedruckt) (tisknut gedrückt)	
ch – š	Ableitungen von -chnout: nadchnout – nadšen (begeistert) aber: prodchnout – prodchnut (durchdrungen)	
k – č	Ableitungen von -tknout, und -mknout: zatknout, zamknout – zatčen, zamčen	
h – ž	Ableitungen von -trhnout, -táhnout, -vrhnout, -střihnout, -stihnout, -sáhnout: strhnout – stržen, vytáhnout – vytažen, svrhnout – svržen vystřihnout – vystřižen, vystihnout – vystižen, dosáhnout – dosažen	

Wechsel -nou-, -nu- bei dem Typ minout: prominut, posunut.

Typ přijmout
Ableitungen von -čít, z. B.: začít, počít   začat, počat

Verb jmout (jat) und Ableitungen			Partizip		
přijmout	zajmout	zaujmout	přijat	zajat	zaujat
najmout	pojmout	jmout	najat	pojat	jat
vyjmout	sejmout	odejmout	vyňat	sňat	odňat
projmout			projmut		

Varianten in der Bildung des Partizips bei den Verben
pnout und Ableitungen, z. B.: napnout: -pjat   neben -pnut, napjat, napnut
tnout und Ableitungen, z. B.: zatnout: -ťat   neben -tnut, zaťat, zatnut.

Die Formvarianten bei den Typen tisknout und přijmout sind manchmal bedeutungsunterscheidend, z. B.: napjatá situace – napnuté lano. Oft ist eine der Varianten für eine bestimmte Bedeutung festgelegt, z. B.: zamčené dveře; vymknuté koleno; semknuté rty.

Das Partizip Perfekt Passiv unregelmäßiger Verben
chtít – chtěn; vědět – (zodpovězen); jíst – sněden; moci – (přemožen); číst – čten; psát – psán; jet – (ujet); vzít – vzat; hnát – hnán

58 Zur grammatischen Kategorie der Person
Die grammatische Kategorie der Person, d. h. die Bezogenheit des Geschehens auf den Sprecher, den Angesprochenen oder den Besprochenen/das Besprochene, kommt in den Personalendungen der finiten Verbformen zum Ausdruck. Da die Person und der Numerus an den Konjugationsendungen erkennbar sind, wird das Subjekt auch in den zweigliedrigen Sätzen häufig nicht mit einem Wort (Substantiv/Pronomen) ausgedrückt (↗ 38).

Besonderheiten:
– Die 2. Person Plural wird sowohl für eine neutrale (im Deutschen z. B. Ihr seid) als auch für eine höfliche Anrede im Singular, z. B.: Vy jste byl (Sie waren) und Plural, z. B.: Vy jste byli (Sie waren) gebraucht.

– Bei einem allgemeinen Subjekt (↗ 74, 75), sowie unpersönlich (↗ 73) wird immer die 3. Person Singular (z. B. To se nedělá) oder Plural (z. B. Hlásili to v rádiu) verwendet. Genauso bei dem Subjekt im Genitiv oder Dativ, sowie einem Infinitivsubjekt, z. B.: Hrát šachy ho nebaví. To je spěchu! Je nám horko.

Die Formen des Aktivs

Das Präsens der unvollendeten Verben und das Futur der vollendeten Verben

Regelmäßige Konjugationstypen

Klasse I	dělat	dát		Klasse II	kupovat	mýt
Singular				Singular		
1. Person	děl**ám**	d**ám**		1. Person	kupu**ji**	my**ji**
2. Person	děl**áš**	d**áš**		2. Person	kupu**ješ**	my**ješ**
3. Person	děl**á**	d**á**		3. Person	kupu**je**	my**je**
Plural				Plural		
1. Person	děl**áme**	d**áme**		1. Person	kupu**jeme**	my**jeme**
2. Person	děl**áte**	d**áte**		2. Person	kupu**jete**	my**jete**
3. Person	děl**ají**	d**ají**		3. Person	kupu**jí**	my**jí**

Klasse III	prosit	rozumět	sázet
Singular			
1. Person	pros**ím**	rozum**ím**	sáz**ím**
2. Person	pros**íš**	rozum**íš**	sáz**íš**
3. Person	pros**í**	rozum**í**	sáz**í**
Plural			
1. Person	pros**íme**	rozum**íme**	sáz**íme**
2. Person	pros**íte**	rozum**íte**	sáz**íte**
3. Person	pros**í**	rozum**ějí**	sáz**ejí**

IV	nést	brát	mazat	zavřít	péci	tisknout	minout	přijmout
Singular								
1.	nes**u**	ber**u**	maž**u**	zavř**u**	peč**u**	tiskn**u**	min**u**	přijm**u**
2.	nes**eš**	ber**eš**	maž**eš**	zavř**eš**	peč**eš**	tiskn**eš**	min**eš**	přijm**eš**
3.	nes**e**	ber**e**	maž**e**	zavř**e**	peč**e**	tiskn**e**	min**e**	přijm**e**
Plural								
1.	nes**eme**	ber**eme**	maž**eme**	zavř**eme**	peč**eme**	tiskn**eme**	min**eme**	přijm**eme**
2.	nes**ete**	ber**ete**	maž**ete**	zavř**ete**	peč**ete**	tiskn**ete**	min**ete**	přijm**ete**
3.	nes**ou**	ber**ou**	maž**ou**	zavř**ou**	peč**ou**	tiskn**ou**	min**ou**	přijm**ou**

Die Formen der übrigen Verben des Typs přijmout sind: -tnu – zatnu, -pnu – napnu, -čnu – začnu

Unregelmäßige Verben (außer být, ↗ 54)

I II III	mít	chtít	vědět	jíst	spát	bát se	stát
Singular							
1. Person	mám	chci	vím	jím	spím	bojím se	stojím
2. Person	máš	chceš	víš	jíš	spíš	bojíš se	stojíš
3. Person	má	chce	ví	jí	spí	bojí se	stojí
Plural							
1. Person	máme	chceme	víme	jíme	spíme	bojíme se	stojíme
2. Person	máte	chcete	víte	jíte	spíte	bojíte se	stojíte
3. Person	mají	chtějí	vědí	jedí	spí	bojí se	stojí

IV	moci	stát se	číst	psát	jít	jet	vzít	růst	hnát
Singular									
1.	mohu/ můžu	stanu se	čtu	píšu/ píši	jdu	jedu	vezmu	rostu	ženu
2.	můžeš	staneš se	čteš	píšeš	jdeš	jedeš	vezmeš	rosteš	ženeš
3.	může	stane se	čte	píše	jde	jede	vezme	roste	žene
Plural									
1.	můžeme	staneme se	čteme	píšeme	jdeme	jedeme	vezmeme	rosteme	ženeme
2.	můžete	stanete se	čtete	píšete	jdete	jedete	vezmete	rostete	ženete
3.	mohou/ můžou	stanou se	čtou	píší/ píšou	jdou	jedou	vezmou	rostou	ženou

In der Konjugation von Reflexivverben verwendet man in allen Personen das Reflexivpronomen se oder si: směji se, směješ se, vybereš si, vybereme si.

Das Reflexivpronomen ist ein Enklitikon (↗ 71), deshalb ist die Wortfolge im Präsens (ohne oder mit ausgedrücktem Subjekt) entweder směji se – vyberu si, oder **já** se směji – **já** si vyberu.

Die Negation wird mit Hilfe des Negativpräfixes ne- gebildet, z. B.: nedělám, nekupuji, neprosím, nenesu.

Besonderheiten der einzelnen Verbklassen
Klasse I: ein langes **á** bei dem Typ **dělat** in allen Personen außer der 3. Person Plural; ein kurzes **a** bei dem Typ **znát** in der 3. Person Plural.

Klasse II: Ersatz -**uj**- für -ova- bei dem Typ **kupovat**, z. B.: představuji si, jmenuji se, tancuji, organizuji;
kurzer Stammvokal bei dem Typ **mýt**, z. B.: piji, kryji, hraji;
Veränderung der Vokalqualität bei den Verben:
hřát, přát, smát se – hřeji, přeji, směji se; dít, plít – děje se, pleje.

Klasse III:
Endungsvarianten -í oder -ejí/-ějí in der 3. Person Plural bei den Verben auf -et/-ět, Typen **rozumět** und **sázet**, z. B.: staví, sázejí.
Die Verwendung einer dieser beiden Endungen ist gegenwärtig auch in der Schriftsprache mit vielen Schwankungen und Ausnahmen verbunden.

Beide Formen sind z. B. bei folgenden Verben zulässig:
umět – umí oder umějí; myslet oder myslit – myslí oder myslejí; bydlet oder bydlit – bydlí oder bydlejí; stavět – staví oder stavějí; muset oder musit – musí oder musejí.

Klasse IV: ein kurzer Stammvokal bei dem Typ **nést**, z. B.: nesu, vezu, lezu
Konsonantenwechsel bei einigen Verben:

s – d klást, krást, vést – kladu, kradu, vedu
s – t plést, kvést, mést – pletu, kvetu, metu

Veränderungen des Stammes bei dem Typ **brát**, z. B.: prát, brát – peru, beru stlát, mlít – stelu, melu
Konsonantenwechsel bei dem Typ **mazat**:

z – ž   mazat, kázat – mažu, kážu; vázat, tázat se – vážu, tážu se
s – š   poslat – pošlu
k – č   skákat – skáču
ch – š páchat – pášu
h – ž   lhát – lžu

Typ péci: Konsonantenwechsel   c – č   péci – peču

Stammveränderungen bei den Verben: říci – řeknu; tlouci – tluču
obléci (svléci, navléci, povléci) – obléknu neben obleču
Konsonantenwechsel und Verlängerung des Stammvokals bei dem Verb:
plakat – pláču

Die Formen der 1. Person Singular und der 3. Person Plural bei dem Typ zavřít: zavru, zavrou und bei dem Typ péci: peku, pekou sind veraltet.

In der Umgangssprache verwendet man bei der II. und IV. Klasse in der 1. Person Plural oft die Endung -m, z. B.: kupujem, nesem; bei der II. Klasse in der 1. Person Singular -u, z. B.: kupuju, piju; 3. Person Plural -ou, z. B.: kupujou, pijou. Umgangssprachlich sind auch die Endungen -u/-ou bei den unregelmäßigen Verben psát: píšu – píšou; moci: můžu – můžou.
In Böhmen wird bei der Klasse III in der 1. Person Singular oft das -í- (vím) gekürzt, z. B.: vim, prosim, sázim; bei der I. Klasse in der 3. Person Plural oft die Endung -j, z. B.: dělaj, daj verwendet.

Das Futur unvollendeter Verben

Die Formen des Futurs

Futurformen des Hilfsverbs být + der Infinitivs des Vollverbs	budu kupovat, budu se smát

Fast alle unvollendeten Verben bilden das Futur regelmäßig, z. B:

	Singular	Plural
1. Person	budu pomáhat	budeme pomáhat
2. Person	budeš pomáhat	budete pomáhat
3. Person	bude pomáhat	budou pomáhat

Die Formen budu, budeš sind keine Enklitika (↗ 71) deshalb ist die Wortfolge mit oder ohne Subjekt: já budu pomáhat oder budu pomáhat.
Die Negation wird durch Hinzufügung des Präfixes **ne-** zur finiten Form des Hilfsverbs gebildet, z. B.: **nebudu** pomáhat.

59 Zielgerichtete Bewegungsverben (jít, nést, vgl. S. 103) und einige Verben mit der Bedeutung der Zustandsveränderung bilden einfache Formen des Futurs mit Hilfe der Präsensformen und des Präfixes **po-**, z. B.:
jet – pojedu   vézt – povezu
běžet – poběžím   vést – povedu
letět – poletím   růst – porostu
nést – ponesu   kvést – pokvetu

Das Verb jít bildet die Futurform **pů**jdu.

Die Form půjdu darf nicht mit pojdu verwechselt werden. Das Verb pojdu ist die Futurform vom vollendeten Verb pojít mit der Bedeutung eingehen, verenden (nur über Tiere).

Das Perfekt

Die Formen des Perfekts

Partizip Perfekt Aktiv des Vollverbs
+ (in der 1. und 2. Person) Präsensformen von být

1. Person	kupoval jsem	kupovali jsme
2. Person	kupoval jsi	kupovali jste
3. Person	kupoval	kupovali

In der 3. Person wird die finite Form des Hilfsverbs nicht verwendet. Die Verwendung des Hilfsverbs in der 3. Person ist archaisch und findet sich nur noch in alten Texten und alten Liedern, z. B.: Měl jest Adam sedm synů.

Die Formen des Hilfsverbs být (jsem, jsi) in den Formen des Perfekts sind Enklitika (↗ 71). Ebenfalls enklitisch ist das Reflexivpronomen se, si.
Die Wortfolge der Perfektformen ist deshalb
entweder: já jsem kupoval   já jsem se smál
oder: kupoval jsem   smál jsem se

Die Negation erfolgt mit Hilfe des Präfixes ne-, welches dem Partizip Perfekt Aktiv (↗ 56) angefügt wird: nepsal jsem, nedivil jsem se.

Die Form des Partizips richtet sich in Genus und Numerus nach dem Subjekt:

Singular				
Person	Maskulinum belebt/unbelebt		Femininum	Neutrum
1.	já jsem se	divil	divila	divilo
	já jsem	psal	psala	psalo
2.	ty ses	divil	divila	divilo
	ty jsi	psal	psala	psalo
3.	on se	divil	ona se divila	ono se divilo
	on	psal	ona psala	ono psalo
Plural				
1.	my jsme se	divili/divily	divily	divila
	my jsme	psali/psaly	psaly	psala
2.	vy jste se	divili/divily	divily	divila
	vy jste	psali/psaly	psaly	psala
3.	oni se	divili	ony se divily	ona se divila
	oni	psali	ony psaly	ona psala

In der 2. Person Singular verschmilzt oft die Form des Hilfsverbs jsi mit dem Partizip, mit dem Pronomen oder auch mit einem Adverb:
Tys tam nebyl? neben Ty jsi tam nebyl? **Bylas** tam? neben Byla jsi tam?
Kdes byla? neben Kde jsi byla?

60 Bei den Reflexivverben verschmilzt in der 2. Person Singular das Hilfsverb **jsi** und die Reflexivpronomen **se** bzw. **si** zu folgenden Formen:

Už	ses	tam podíval?	Co	sis	to vymyslel?
Podíval	ses	na to?	Dělal	sis	poznámky?
Proč	ses	tak lekla?	Přál	sis	to?

61 Bei der höflichen Form der Anrede im Singular verwendet man das Personalpronomen der 2. Person Plural, bei dem Partizip jedoch die Form des Singulars:
Vy jste se divil? (es wird mit einem Mann gesprochen)
Vy jste se divila? (es wird mit einer Frau gesprochen).

Bei der Anrede im Plural zeigt sich die Kongruenz im Genus lediglich in der schriftlichen Form: Vy jste se divily? (Sie alle Frauen, die ich eben anrede?)
Vy jste se divili? (Sie gemischte Gesellschaft, die ich anrede, in der mindestens ein Mann anwesend ist? oder Sie alle Herren, die ich eben anrede?)

Das Plusquamperfekt
wird selten und ausschließlich im buchsprachlichen Stil verwendet. Das Plusquamperfekt bezeichnet eine Handlung, die vor einem anderen Geschehen in der Vergangenheit vollzogen wurde. Die Formen des Plusquamperfekts werden gebildet mit Hilfe des Präsens des Hilfsverbs být, des Partizips Perfekt Aktiv des Hilfsverbs být und des Partizips Perfekt Aktiv des Vollverbs, z. B.:
Jak jsem byl řekl. (Wie ich gesagt hatte.)

62 Das Resultativ

Die Formen des Resultativs

Perfekt	Plusquamperfekt	Futur
Präsensform des Hilfsverbs mít + Partizip Perfekt Passiv des Vollverbs	Partizip Perfekt Aktiv des Hilfsverbs mít + Präsensform des Hilfsverbs být + Partizip Perfekt Passiv des Vollverbs	Futurform des Hilfsverb být + Infinitiv des Hilfsverbs mít + Partizip Perfekt Passiv des Vollverbs
mám uvařeno	měla jsem uvařeno	budu mít uvařeno

Das Resultativ (Perfekt, Plusquamperfekt, Futur) bezeichnet ein Geschehen, dessen Resultat in die jeweilige durch die Form angegebene Zeit hinübergreift. Das vorliegende Resultat ist das Ergebnis der in der Vergangenheit vollzogenen Handlung, z. B.:

kufr mám sbalený (den Koffer habe ich schon [fertig] gepackt),

das in der Vergangenheit vorliegende Resultat ist das Ergebnis eines früheren Geschehens, z. B.:

kufr jsem měl sbalený (den Koffer hatte ich schon [fertig] gepackt),

und das Geschehen im Futur bezeichnet ein Geschehen, dessen Ergebnis oder Folgen vor einer anderen künftigen Handlung bereits abgeschlossen sind, z. B.:

kufr budu mít sbalený (den Koffer werde ich gepackt haben).

Die **finiten Formen** der Verben **mít** und **být** kongruieren in Person und Numerus mit dem Subjekt:

Já **mám** …; My **jsme** měli …; Oni **budou** mít …,

das Partizip Perfekt Aktiv in Genus und Numerus mit dem Subjekt:

My jsme mě**li** …,

das **Partizip Perfekt Passiv** des Vollverbs in Genus und Numerus mit dem **Objekt**:

… **dopis** napsá**n**/napsan**ý**, … **žádost** podán**u**/podan**ou**
… **vstupenky** objednán**y**/objednan**é**.

Das Resultativ ist eine Form, die vor allem für die Umgangssprache typisch ist, daher wird das Partizip meistens in der langen Form verwendet:

Máš úkol napsaný? Máš knihu dočtenou?

Nicht auf ein bestimmtes Objekt bezogen, unpersönlich und allgemein werden jedoch nur die kurzen Formen des Partizips verwendet:

Máte vybráno? Máte objednáno? Mají zavřeno.

In der Schriftsprache wird anstelle des Resultativs meistens eine andere Verbform des Aktivs oder Passivs der vollendeten Verben verwendet:

Máte vybráno? – Vybrali jste si? Máte objednáno? – Už jste si objednali?

Außer der Bedeutung eines vorliegenden Resultats verfügt diese Form über eine Nebenbedeutung. Das Ergebnis der Handlung kommt dem Subjekt zugute, oder geschieht auf seine Kosten. Es ist aber möglich, daß das Subjekt nicht der Handlungsträger ist (daß z. B. jemand die Arbeit für ihn getan hat). So bedeutet: mám uvařeno, daß das Essen fertig ist, und daß es das Subjekt des Satzes oder jemand zugunsten des Subjekts gekocht hat.

Der Resultativ kommt auch in Wendungen und Redewendungen vor, z. B.:

Má pro strach uděláno. (Er ist kein Angsthase.) Máme vyhráno. (Wir haben so gut wie gewonnen.) Máme vystaráno. (Wir haben ausgesorgt.)

Verglichen mit den Verbformen im Deutschen, erfüllt die Futurform des Resultativs oft die Funktion des Futurs II: Až přijdeš domů, budu už to mít napsáno. (Wenn du nach Hause kommst, werde ich es schon geschrieben haben.)

Die Bedeutung des Resultativs steht aufgrund der Hervorhebung des Ergebnisses des Objektes der Handlung dem Zustandspassiv nahe. Beim Resultativ ist jedoch der Handlungsträger, das Subjekt, aktiv. Es werden sowohl das Subjekt (er hat es getan, oder für ihn ist es getan worden), als auch das Objekt (das ist das Resultat der Handlung) hervorgehoben.

Präsens: mám uvařeno das Essen ist gekocht
Perfekt: měla jsem uvařeno das Essen war gekocht
Futur: budu mít uvařeno das Essen wird gekocht sein

Der Imperativ

Im Tschechischen treten Imperativformen der **2. Person Singular** sowie der **1. und 2. Person Plural** auf. Die 1. Person Plural stellt eine Aufforderung an alle Anwesenden einschließlich des Subjekts dar. Im Deutschen verwendet man dafür Umschreibungen wie: Wollen wir …! Laßt uns …!
Die 2. Person Plural wird sowohl für den familiären Umgang („Duzen") als auch für die höfliche Aufforderung an eine Einzelperson oder eine Gruppe von Personen („Siezen") verwendet, z.B.:

Pojďte! (bedeutet je nach der Situation: kommt! oder kommen Sie!)
Sedněte si! (Setzen Sie sich! oder Setzt Euch!)

Aufforderungen an die 3. Person Singular oder Plural werden mit Hilfe des Partikels **ať** (buchsprachlich necht') und der 3. Person Präsens gebildet, z. B.:

ať' + 3. Person Singular oder Plural

ať nemluví! (er soll nicht sprechen!) ať to udělají! (sie sollen es tun!).

Necht' wird meistens in buchsprachlichen Ausrufesätzen verwendet, z.B.: Necht' se jim to podaří!

Ausgangspunkt für die Bildung der Imperativformen ist die 3. Person Plural Präsens. Der Imperativ wird gebildet mit Hilfe von Suffixen:**-0**, **-me**, **-te** oder **-i**, **-eme/-ěme**, **-ete/-ěte**, die an die Präsensformen nach Abstreifen der Endung der 3. Person Plural: dělaj-, kupuj-, pros-, slyš-, rozuměj-, nes-, ber-, maž-, zavř-, peč-, tiskn-, min-, přijm- (zatn-, napn-, začn-) angefügt werden.

119

Auslaut	2. Person Singular	1. Person Plural	2. Person Plural
	-0	-me	-te
Vokal + Konsonant außer t, d, n	pros!	prosme!	proste!
Vokal + t, d, n, t – ť d – ď n – ň	plať! hlaď! promiň!	plaťme! hlaďme! promiňme!	plaťte! hlaďte! promiňte!
Konsonantengruppen mit l oder r als Silbenträger	strč! mlč! zahrň!	strčme! mlčme! zahrňme!	strčte! mlčte! zahrňte!
	-i	-ěme	-ěte
Konsonantengruppen mit dem Auslaut t, d, n, p, b, v, m	tiskni! spi! přijmi!	tiskněme! spěme! přijměme!	tiskněte! spěte! přijměte!
alle übrigen Konsonantengruppen	-i mysli!	-eme mysleme!	-ete myslete!

Imperativformen der einzelnen Konjugationsklassen
Regelmäßige Bildung

Klasse		Singular 2. Person	Plural 1. Person	2. Person
I.	dělaj- daj-	dělej! dej!	dělejme! dejme!	dělejte! dejte!
II.	kupuj- myj-	kupuj! myj!	kupujme! myjme!	kupujte! myjte!
III.	pros- sázej- rozuměj-	pros! sázej! rozuměj!	prosme! sázejme! rozumějme!	proste! sázejte! rozumějte!
IV.	nes- ber- maž- zavř- peč- tiskn- promin- přijm-	nes! ber! maž! zavři! peč! tiskni! promiň! přijmi!	nesme! berme! mažme! zavřeme! pečme! tiskněme! promiňme! přijměme!	neste! berte! mažte! zavřete! pečte! tiskněte! promiňte! přijměte!

Die übrigen Verben des Typs přijmout bilden Imperativformen: zapni! zatni! začni!

Die Negation wird mit Hilfe des Präfixes ne-: nemluv! gebildet.

Der Imperativ unregelmäßiger Verben
být – buď! mít – měj! chtít – chtěj! vědět – věz!(odpověz!) jíst – jez! spát – spi! bát se – boj se! stát – stůj! pomoci – pomoz! stát se – staň se! číst – čti! psát – piš! jít – jdi! (geh!) – pojď! (komm!) jet – jeď! vzít – vezmi! hnát – žeň!

Der passive Imperativ wird mit Hilfe des Imperativs des Hilfsverbs být: buď! buďme! buďte! und dem Partizip Perfekt Passiv des Vollverbs (Kongruenz in Genus und Numerus mit dem Subjekt) gebildet, z. B.:
 buďte ujištěn, že …(Seien Sie versichert, daß …); buďte uklidněni.

Besonderheiten der Imperativbildung einzelner Verbklassen
Klasse I: Veränderung des Stammvokals **a** zu **e**: dají, děl**a**jí – dej! děl**e**j!

Klasse III: Vokalkürzung: chrání – chraň, brání! – braň!
slíbí – slib! navštíví – navštiv! rozpulí – rozpul!
Veränderung der Vokalqualität: pospíší si – pospěš si!
koupí – kup! vystoupí – vystup! soudí – suď! kouří – kuř! poslouží si – poslužsi!
unregelmäßige Bildung: pustit – pustí – pusť! vidět – vidí – viz!

Klasse IV:
Typ **mazat:** Imperativendungen wie bei der Klasse I, Typ dělat bei einigen Verben, z. B.: koupat se, kopat, lámat – koupej se! kopej! lámej! (vgl. S. 96).

Endungsvarianten mit Bedeutungsunterschied gibt es z. B. bei dem Verb mazat:
mazat (wischen, schmieren, auftragen) maž!
mazat (umgangssprachlich für weggehen „abzischen") mazej!

Typ **péci:** abweichende Imperativbildung bei den Verben říci: řekni! řekněte! und obléci: oblékni! oblékněte! neben obleč! oblečte!
Die Imperativformen der Verben mit dem Infinitiv auf -ci, -c, -cte, z. B.: upec, utec, oblec, sowie die Form rci! von říci finden sich nur noch in alten Texten, sie sind nicht mehr gebräuchlich.
Neben dem Imperativ von hrát hraj si! existiert die etwas veraltete Form hrej si!

Die Aufforderung wird bei einigen Imperativformen mit Hilfe des Präfixes **po**- verstärkt, z. B.:
 pojď! (komm, komm mal!), pojeď! (fahre, fahre mal!) poběž! (lauf, lauf mal!)
 poslyš! (hör mal, hör mal hin, hör mal zu!)
Diese Funktion wird neutralisiert, wenn das Verb dieses Präfix enthält, z. B.:
 poslouchat – poslouchej, podívat se – podívej se

Die Imperativform věz von vědět (**nicht** in den Ableitungen wie odpovědět – odpověz!) gilt als veraltet, sie wird z. B. in Märchen verwendet. An ihrer statt verwendet man in der Regel eine Umschreibung, z. B.:
 měl bys vědět (du solltest wissen) oder mohl bys vědět (du könntest wissen).

Die Imperativform **viz** von vidět wird im buchsprachlichen Stil verwendet, als Verweis: siehe S. 5 – viz str. 5.

Als Aufforderungsformen zum Verb vidět dienen die Imperativformen des Verbs podívat se (sehen, schauen), podívej se, podívejte se (sieh, schau, sehen Sie/seht, schauen sie/schaut) und die Formen des Verbs hledět:
– das buchsprachliche hle (als Partikel interpretiert),
– die schriftsprachlichen Formen: hleď, hleďte, pohleď, pohleďte, sowie
– *die umgangssprachliche, sehr gebräuchliche Imperativform hele, evtl. heleď te, heleď te se (sieh mal, sehen Sie mal, seht mal).*
Die letzgenannte Form wird sehr oft als Einführung eines Gesprächs verwendet, um die Aufmerksamkeit des Partners zu gewinnen, im Sinne des deutschen hör mal, guck mal.

Die Formen „viď, viďte, viď že, viďte, že ano" sind keine Imperativformen von Verb vidět, sondern deformierte alte Formen von vědět. Sie werden im Sinne von: nicht wahr? hab ich recht? ist doch so, nicht? verwendet, und in der tschechischen Grammatik als Interjektionen interpretiert.

Die Modalverben bilden in der Regel kein Imperativ, die Formen des negativen Imperativs von dem Modalverb chtít werden jedoch in der Umgangssprache in einer festen Wendung (emphatisch) gebraucht: Nechtějte vědět ... (Neptejte se ...) Nechtějte vědět, kolik to stálo! (Fragen Sie nicht, wieviel es gekostet hat!)

Besonderheiten des negativen Imperativs
Bei dem negativen Imperativ verwendet man meistens die unvollendeten Verben, z. B.:
    Nikam to nevoz! Nechoď tam! Nenos mi to sem! Nikam nejezdi!
    Nebodej do toho! Nepodváděj! Nekupuj to!

Das vollendete Verb hat beim negativen Imperativ die Bedeutung einer nachdrücklichen Warnung, z. B.:
    Nejdi tam! Nejeď tam! Nezakopni! Nesedni si tam! Nepodveď ho! (↗ **49**)

Imperativfunktionen anderer Verbformen
Als eine höfliche Aufforderung können die Formen des Konditionals verstanden werden: Mohl byste zavřít okno? (Könnten Sie das Fenster zumachen?)
Für eine strenge Aufforderung oder Warnung verwendet man:
– den Infinitiv: Stát!, Nenastupovat!, Nastupovat!
– die 2. Person Futur (unvollendet und vollendet), z.B.: Tady budeš! (Du bleibst hier!) To neuděláš! (Das tust du nicht!)
– den negativen Konditional: Ne, abys tam chodil!/šel! (Nicht, daß du hingehst!)

Die Imperativformen kommen in festen Wendungen, Redewendungen auch doppelt vor: buď jak buď (sei es wie es sei), děj se co děj (um jeden Preis).

Der Konditional

Der Konditional drückt ein mögliches Geschehen aus, jeweils in Form einer realisierbaren oder einer nicht realisierten Bedingung. Es gibt Konditionalformen des Aktivs, des Aktivs Resultativs und des Passivs.

Konditionalformen des Aktivs

Realisierbare Bedingung	Nicht realisierte Bedingung
Partizip Perfekt Aktiv des Vollverbs + Konditionalformen von být	Partizip Perfekt Aktiv des Hilfsverb být + Konditionalformen von být + Partizip Perfekt Aktiv des Vollverbs
jel bych (ich würde fahren) smál bych se (ich würde lachen)	byl bych jel (ich wäre gefahren) byl bych se smál (ich hätte gelacht)

Die Partizipien kongruieren mit der finiten Form des Verbs im Numerus, mit dem Subjekt in Genus und Numerus:

Singular							
Person	Maskulinum belebt/unbelebt		Femininum		Neutrum		
1. já **bych**		jel		jela			jelo
já **bych**	byl	jel	byla	jela		bylo	jelo
2. ty **bys**		jel		jela			jelo
ty **bys**	byl	jel	byla	jela		bylo	jelo
3. on **by**		jel	ona by	jela	ono by		jelo
on **by**	byl	jel	ona by byla	jela	ono by bylo		jelo
Plural							
1. my **bychom**		jeli/jely		jely			jela
my **bychom**	byli	jeli/jely	byly	jely		byla	jela
2. vy **byste**		jeli/jely		jely			jela
vy **byste**	byli	jeli/jely	byly	jely		byla	jela
3. oni **by**		jeli/jely	ony by	jely	ona by		jela
oni **by**	byli	jeli/jely	ony by byly	jely	ona by byla		jela

Die finiten Formen des Hilfsverbs bych, by … sind Enklitika (↗ 71). Die Verbformen mit oder ohne Subjekt lauten daher:

| já bych jel | jel bych | já bych byl jel | byl bych jel |
| já bych se smál | smál bych se | já bych se byl smál | byl bych se smál |

Das Negationspräfix wird immer dem Partizip angefügt:

realisierbare Bedingung	nejel bych nesmál bych se	já bych nejel já bych se nesmál
nicht realisierte Bedingung	byl bych nejel byl bych se nesmál	já bych byl nejel já bych se byl nesmál
	nebyl bych jel nebyl bych se smál	já bych nebyl jel já bych se nebyl smál

Bei den Reflexivverben verwendet man in der 2. Person Singular **by ses** statt bys se und **by sis** statt bys si, z. B.: Ty by ses smál? Ty by sis to přál?

Konditionalformen des Resultativs

realisierbare Bedingung	nicht realisierte Bedingung
Partizip Perfekt Aktiv des Hilfsverbs mít + Konditionalformen von být + Partizip Perfekt Passiv des Vollverbs	Partizip Perfekt Aktiv des Hilfsverbs být + Konditionalformen von být + Partizip Perfekt Aktiv des Hilfsverbs mít + Partizip Perfekt Passiv des Vollverbs
Měl bych vypráno. Měl bys knihu přečtenu/-ou. Měl by dopis napsán/napsaný. Měli bychom smlouvu uzavřenou. Měli byste práci dokončenu/-ou. Měli by otevřeno.	Byl bych měl vypráno. Byl bych měl knihu přečtenu/-ou. Byl by měl dopis napsán/napsaný. Byli bychom měli smlouvu uzavřenou. Byli byste měli práci dokončenu/-ou. Byli by měli otevřeno.

(Zur Kongruenz ↗ 62)

Iterative Formen des Hilfsverbs být in den Konditionalformen
Zur Hervorhebung des vergangenen Geschehens, bzw. der nicht realisierten Bedingung werden oft zusätzlich iterative Formen des Hilfsverbs být verwendet, z. B.:
   Já bych se tam bývala podívala. On by se tam byl býval na to rád podíval.

Das Passiv

63 Im Passiv steht nicht der Handlungsträger, sondern die von der Handlung Betroffenen oder nur die Handlung selbst im Vordergrund. Die Formen des Passivs werden von transitiven Verben beider Aspekte gebildet.
Es werden unterschieden das persönliche Passiv (wird in der Schriftsprache bevorzugt) und das unpersönliche Passiv.

Das persönliche Passiv

Die Formen des persönlichen Passivs

finite Form des Hilfsverbs být im Präsens, Perfekt oder Futur
+ das Partizip Perfekt Passiv eines transitiven Verbs
vollendeten oder unvollendeten Aspekts

	Präsens	Perfekt	Futur
vollendeter Aspekt	jsem přijat	byl jsem přijat	budu přijat
unvollendeter Aspekt	jsem volán	byl jsem volán	budu volán

Das Partizip Perfekt Passiv kongruiert mit dem Subjekt in Genus und Numerus, z. B. im Präsens:

Singular						
Person		Maskulinum belebt/unbelebt		Femininum		Neutrum
1.	já jsem	volán		voláno		voláno
	já jsem	přijat		přijata		přijato
2.	ty jsi	volán		volána		voláno
	ty jsi	přijat		přijata		přijato
3.	on je	volán	ona je	volána	ono je	voláno
	on je	přijat	ona je	přijata	ono je	přijato
Plural						
1.	my jsme	voláni /volány		volány		volána
	my jsme	přijati /přijaty		přijaty		přijata
2.	vy jste	voláni /volány		volány		volána
	vy jste	přijati /přijaty		přijaty		přijata
3.	oni jsou	voláni /volány	ony jsou	volány	ona jsou	volána
	oni jsou	přijati /přijaty	ony jsou	přijaty	ona jsou	přijata

Die finiten Formen des Hilfsverbs být im **Präsens** und **Futur** sind **keine Enklitika**, die Verbformen lauten deshalb mit oder ohne Subjekt:
já jsem volán   oder   **jsem** volán;
já budu volán   oder   **budu** volán.

In der **Perfektform** ist das Hilfsverb být **enklitisch** (↗ 71), deshalb sind die Verbformen: já jsem byl volán oder byl jsem volán.

Die Negation wird gebildet durch das Hinzufügen des Präfixes ne-:
– im Präsens zur finiten Form des Hilfsverbs být, z. B.: Okno **není** otevíráno/otevřeno.
– im Perfekt zum Partizip Perfekt Aktiv des Hilfsverbs být, z. B.: Okno **nebylo** otevíráno/otevřeno.
– im Futur zur finiten Form des Hilfsverbs být, z. B.: Okno **nebude** otevíráno/otevřeno.
– im Konditional (realisierbare Bedingung) zum Partizip Perfekt Aktiv des Hilfsverbs být, z. B.: Okno by **nebylo** otevíráno/otevřeno.
– im Konditional (nicht realisierte Bedingung) zum Partizip Perfekt Aktiv des Hilfsverbs být, z. B.: Okno by **nebylo** bývalo otevíráno/otevřeno.

In der 2. Person Singular treten neben den regulären Formen byl jsi, byla jsi, bylo jsi auch die Formen byls (volán), bylas (volána), bylos (voláno) auf.

Wenn der Handlungsträger genannt wird, steht er im **Instrumental**, z.B.:
    Návrh byl komisí (von der/durch die Kommission) přijat.

Konditionalformen des persönlichen Passivs

realisierbare Bedingung	nicht realisierte Bedingung
Partizip Perfekt Aktiv des Hilfsverbs být + Konditionalformen von být + Partizip Perfekt Passiv des Vollverbs	Partizip Perfekt Aktiv des Hilfsverbs být + Konditionalformen von být + iterative Form des Partizips Perfekt Aktiv des Hilfsverbs být + Partizip Perfekt Passiv des Vollverbs
byl bych přijat (ich wäre empfangen) bylo by dokončeno (es wäre abgeschlossen) byl bys pochopen (du wärst verstanden)	byl bych býval přijat (ich wäre empfangen gewesen) byl by býval dokončen (es wäre abgeschlossen gewesen) byl bys býval pochopen (du wärst verstanden gewesen)

In der Umgangssprache wird in den zusammengesetzten Verbformen mit dem Partizip Perfekt Passiv in der Regel die Form des verbalen Adjektivs anstelle des Partizips Perfekt Passiv verwendet, z.B.: okno je otevřené, dům je postavený.

Das unpersönliche Passiv

Das unpersönliche Passiv wird nur in der 3. Person beider Numeri verwendet.
Die Formen des unpersönlichen Passivs werden gebildet mit Hilfe der Aktivform eines nichtreflexiven Verbs im Präsens, Perfekt und Futur, und des Reflexivpronomens se (reflexive Formen vgl. S. 106):

Staví se tu domy; zakládají se parky; otevírají se nové školy. Ten dům se stavěl pět let. To slovo se píše jinak. (Das Wort wird anders geschrieben.)
Pacienti se přijímají od osmi hodin. Film se bude natáčet od srpna.

Die Konditionalformen werden vergleichbar denen des Aktivs gebildet, z.B.:

Ten dopis by se měl (byl měl) napsat jinak. (Den Brief sollte [hätte] man anders schreiben [sollen.])

Infinite Verbformen und ihre Funktionen

Der Infinitiv

Neben der Funktion als Bestandteil der Futurform und als Alternativform des Imperativs erfüllt der Infinitiv noch zahlreiche andere Funktionen, so z.B.:
– als Bestandteil von Verbindungen mit modifizierenden Verben, Modalverben, Phasenverben, den Verben des Wollens und Könnens u. a., Substantiven, Adjektiven oder den Prädikativa (↗ 77), z.B.: chtít pomoci; začít pracovat; snažit se pochopit; dát si ušít; je líný se zeptat; radost pohledět; nelze nevidět; nutno podotknout; není radno se s nimi hádat.

– in den Verbindungen mit den Verben der Sinneswahrnehmung, z. B.: je vidět Sněžku/Sněžka; slyším maminku zpívat
– in den Verbindungen mit dem Verb mít (vgl. prädikatives Attribut), z. B.: Mají na zahradě viset prádlo (sie haben im Garten die Wäsche hängen)
– als satzwertiger Infinitiv (Konditionalsätze ➤ 84), z. B.: Mít čas, tak tam jedu.

64 Die Partizipien

Das Partizip Präsens Aktiv

wird nur durch Hinzufügen des Suffixes **-cí** zur Form der 3. Person Plural Präsens **unvollendeter** Verben gebildet:

    3. Person Plural + cí   dělající, nesoucí

Das Partizip Präsens Aktiv wird adjektivisch dekliniert (Musterwort jarní ➤ 29). Es wird verwendet:
– im prädikativen Attribut, z. B.: Našli jsme ho spícího v křesle.
– als satzwertiges Partizip in den Attribut- und Relativsätzen (➤ 81), z. B.: Lidé, stojící na naměstí. K lidem, stojícím na náměstí.

Das Partizip Präsens Aktiv wird oft zum Adjektiv und als solches attributiv verwendet, z. B.: studující mládež; spěchající lidé. Nicht selten werden diese Formen auch substantiviert, z. B.: cestující, pracující, kupující.

Das Partizip Präsens Passiv

existiert nur noch in vereinzelten Formen (znám/známý, vědom/vědomý) bzw. als Adjektiv, z. B.:
    vědomý (bewußt), známý (bekannt), pitomý (blöd),
oder Substantiv, z. B.:
    nevidomý (der Blinde), známý (der Bekannte).

Prädikative Funktionen erfüllt das Partizip Präsens Passiv nur in zwei Fällen:

Singular			Plural		
Maskulinum	Femininum	Neutrum	Maskulinum belebt/unbelebt	Femininum	Neutrum
vědom	vědoma	vědomo	vědomi/vědomy	vědomy	vědoma
znám	známa	známo	známi/známy	známy	známa

Diese Formen kongruieren in Genus und Numerus mit dem Subjekt, außerdem im Perfekt mit dem Partizip Perfekt Aktiv des Hilfsverb být, und im Numerus mit den finiten Formen des Hilfsverb být:
být si něčeho vědom: jsem si toho vědom (ich bin mir dessen bewußt)
                  byli jsme si toho vědomi (wir waren uns dessen bewußt)

být někomu znám: Nebyly nám známy (žádné výjimky). (Es waren uns [keine Ausnahmen] bekannt.)

Das Partizip Präsens Passiv znám wird sehr oft unpersönlich verwendet:

Je mi známo, že ... (Es ist mir bekannt, daß ...)
Nebylo mi známo, že ... (Es war mir nicht bekannt, daß ...)

Das Partizip Perfekt Aktiv

wird als Bestandteil zusammengesetzter Verbformen des Perfekts Aktiv, z. B.: mluvil jsem, měli zavřeno und des Konditionals (byl by hrál) verwendet.
Das Partizip Perfekt Aktiv kommt nach den Konjunktionen aby, kdyby (↗ **84**) vor.
Von einigen Verben können lange Formen des Partizips gebildet werden, z. B. vyšlý.
Diese werden als satzwertiges Partizip (↗ **81**) verwendet, z. B.:

Prohlížel si knihy, vyšlé v tomto nakladatelství

oder als prädikatives Attribut, z. B.:

Viděli ho sedět zmoklého a promrzlého u kamen.

Vom Partizip Perfekt Aktiv werden verbale Adjektive gebildet, z. B.:

uplynulý, prošlý, minulý; prošlá lhůta, v uplynulém roce;

diese Formen werden auch manchmal substantiviert: opilý (der Betrunkene).
Verbale Adjektive und substantivierte Adjektive werden adjektivisch (Musterwort mladý) dekliniert (↗ **28**).

Das Partizip Perfekt Passiv

existiert in der kurzen und langen (Adjektiv-) Form. In der Schriftsprache werden die kurzen, in der Umgangssprache die langen Formen bevorzugt.
Es wird neben den Funktionen in zusammengesetzten Verbformen verwendet, z. B.:
– als prädikatives Attribut: Přišel unaven. Přišel unavený. (Er kam müde an.)
– als satzwertiges Partizip in Attribut- und Relativsätzen (↗ **81**): Knihy, vydané v tomto nakladatelství, bývají často brzy rozebrány.
In den letztgenannten Funktionen werden die langen Formen adjektivisch (Musterwort mladý) dekliniert (↗ **28**): mnoho knih, vydaných v tomto nakladatelství; o knize, vydané v tomto nakladatelství.

Vom Partizip Perfekt Passiv wird das verbale Adjektiv: otevřen – **otevřený**, upečen – **upečený** gebildet. Als verbales Adjektiv wird es attributiv verwendet: pečené kuře na rožni; smažený řízek.
Oft werden diese Formen auch substantiviert: poddaný, raněný, obžalovaný.

65 Die Transgressive

Die Transgressive (besonders das Transgressiv Perfekt) sind selten gebräuchliche, buchsprachliche und veraltete Verbformen.

<small>Das Transgressiv Präsens wird nur von den unvollendeten Verben durch Hinzufügung der Suffixe -e, -íc, -íce (I., II., und III. Klasse) oder -a, -ouc, -ouce (IV. Klasse) zur 3. Person Plural nach Abstreifen der Personalendung gebildet.</small>

Das Transgressiv Präsens drückt ein mit einem anderen Geschehen in der Gegenwart, der Vergangenheit oder Zukunft parallel verlaufendes Geschehen aus: Stojíc u okna, pozorovala hrající si děti. (Am Fenster stehend, beobachtete sie spielende Kinder.)
Diese Formen finden sich manchmal in festen Wendungen. Oft sind sie zu Adverbien oder Konjunktionen geworden: chtě nechtě/chtíc nechtíc (gewollt oder ungewollt); o tom ani nemluvě (darüber gar nicht zu sprechen); vsedě, vleže, vestoje (im Stehen, im Liegen, im Sitzen); nehledě k tomu, že ... (abgesehen davon, daß ...); tak říkajíc (so zu sagen); takřka (fast, beinahe).

Das Transgressiv Perfekt wird nur von den vollendeten Verben, und zwar von den Formen des Partizips Perfekt Aktiv nach dem Abstreifen des Suffixes -l durch Hinzufügung von Suffixen -v, -vši, -vše (bei Verbformen mit einem Vokalauslaut) bzw. -0, -ši, -še (bei Verbformen mit einem Konsonantenauslaut) gebildet, z. B.: udělav, udělavši, udělavše; přines, přinesši, přinesše.

Das verbale Substantiv

wird gebildet durch das Hinzufügen des Suffixes -í zur Form des Partizips Perfekt Passiv: rozčilování, povídání, šití, mletí.
Nur manchmal gibt es Unterschiede in der Länge des Stammvokals: brán – braní.

Alle verbalen Substantive sind Neutra. Sie gehören dem Musterwort stavení (↗ 23) an. Das verbale Substantiv reflexiver Verben wird wie im Deutschen ohne das Reflexivpronomen verwendet, z. B.:

koupání, starání, snažení.

Die Kategorie des Aspektes kommt im verbalen Substantiv zum Ausdruck, z. B.:

vollendet	zvýšení	rozšíření
unvollendet	zvyšování	rozšiřování

Das (vollendete) verbale Substantiv kommt häufig in Verbindungen mit dem Verb být vor, z. B. Kopula být + k + verbales Substantiv:

To je k zbláznění. (Es ist zum Verrücktwerden.) To není k sehnání.

Funktionen modifizierender Verben

Zu den modifizierenden Verben gehören vor allem
– die Modalverben,
– die Verben des Wollens (verba voluntatis),
– die Phasenverben.
Sie verbinden sich mit dem Infinitiv des Vollverbs (↗ 55).

Die Modalverben verbinden sich mit den Verben beider Aspekte. Sie stellen (ähnlich wie im Deutschen) Sprecherurteile zur Verwirklichung des Geschehens (seltener zur Gültigkeit der Aussage) dar:

Museli se mu omluvit. (Sie mußten sich bei ihm entschuldigen.)
Měl by odpovědět. (Er sollte antworten.) Muselo ho to bolet. (Es mußte ihm weh getan haben [sicherlich hat es ihm wehgetan].)

Die Verben des Wollens verbinden sich mit den Verben beider Aspekte. Sie drücken eine Bemühung, Versuch u. ä. aus:

Pokusím se to dokončit. Budu se snažit mu to vysvětlit. Přeje si nás navštívit.

Bezieht sich das Verb des Wollens nicht auf das Subjekt, sondern auf das Objekt, werden nicht die Konstruktionen mit dem Infinitiv, sondern Konstruktionen mit den Nebensätzen **aby** + **Konditionalform des Verbs** verwendet, z.B.:

Snažím se, abyste to pochopili. (Ich bemühe mich, daß Sie es begreifen.)
Žádáme návštěvníky ZOO, aby nekrmili zvěř.

Die Phasenverben verbinden sich mit dem Infinitiv unvollendeter Verben, sie drücken entweder die Anfangs- oder die Endphase des Geschehens aus.
Phasenverben bilden selbst Aspektpaare, sie können den Verlauf oder das Beenden der Phase (vgl. S. 105) ausdrücken:

začít/začínat; přestat/přestávat
Začínal se převlékat. (Er fing allmählich an, sich umzuziehen.)
Začalo pršet. (Es hat angefangen zu regnen.)
Už přestává pršet. (Es hört allmählich auf zu regnen.)
Přestalo pršet. (Es hat aufgehört zu regnen.)

Unflektierte Wortarten

Das Adverb

Adverbien sind unflektierte Wörter, die vor allem lokale, temporale und kausale Bezüge und Umstände eines Geschehens oder eines Merkmals bezeichnen, oder die Gültigkeit der Satzaussage bewerten.
Einige Adverbien können kompariert werden, so vor allem die Adjektivadverbien, selten andere Adverbien, wie z. B.: spíše/spíš (eher), nejspíš(e) (am ehesten).

Klassifikation der Adverbien nach ihrer Bedeutung

Lokaladverbien, die räumliche Beziehungen ausdrücken, z. B.:

kde?	zde, tady, tu, nahoře, dole, doma, vpředu, vzadu, jinde
kam?	tam, sem, nahoru, dolů, napravo, nalevo, ven, domů
odkud?	odsud, odtud, zleva, zprava, zdaleka, zblízka, odtamtud, odevšad
kudy?	tudy, horem, spodem, jinudy

Temporaladverbien, die zeitliche Beziehungen ausdrücken, z. B.:

kdy?	teď, potom, loni, večer, zítra, včera, vždy, brzy, pozdě, nedávno, dříve, tehdy, nyní, hned, jindy
odkdy?	odteď, odloňska, odnedávna;
dokdy?	doteď, dosud, donekonečna
jak dlouho?	dlouho, pořád, krátce
jak často?	pořád, zřídka kdy, často

Modaladverbien, die Umstände des Geschehens im weiten Sinne ausdrücken, z. B.:
jak?   tak, dobře, pomalu, rychle, vesele, smutně, jinak
jakým způsobem?   technicky, dětsky, polopatě, jazykově, ekonomicky

darunter auch:
– Adverbien des Grades, die den Grad oder die Intensität eines Geschehens oder Merkmals ausdrücken, z.b.: nedostatečně, příliš, skoro, sotva, velmi, neobyčejně, vyjímečně, moc, dost

– Adverbien des Grundes, die kausale Beziehungen zwischen den Aussagen herstellen, z. B.: proto, vždyť

– Zustandsadverbien, wie z. B.: teplo, horko, smutno, vesele, draho, mdlo, zima, tma, vedro

– Adverbien der Gültigkeit und der Möglichkeit (weil sie sich auf die gesamte Satzaussage beziehen, nennt man sie auch Satzadverbien), die:
- die Stellungnahme des Sprechers zur Gültigkeit einer Aussage anhand einer Skala zwischen **ano** und **ne** ausdrücken, z. B.: ano, určitě, jistě, ale ano, samozřejmě, pochopitelně, ovšem, možná, asi, snad, prý, asi sotva, spíš ne, asi ne, nikoli, určitě ne, ne
- die Stellungnahme des Sprechers zur Verwirklichung des Geschehens kennzeichnen: lze/nelze, (je/není) třeba, zapotřebí, nutno, možno, záhodno. (➚ 77).

Ähnlich wie im Falle der Pronomen gibt es außerdem
– Frageadverbien: kde? kam? odkud? kdy? proč?
76 – Unbestimmte Adverbien: kdekoli, kdykoli, někdy, někam, odněkud, někudy, kamsi, kdysi, kam chce, kdy chce, málokde, málokdy, zřídkakdy, leckdy.
77 – Negativadverbien: nikde, nikam, nic, odnikud, nijak, nikdy, nikoli.

Der Gebrauch der Adverbien

Die Adverbien gehen meistens mit Verben, aber auch mit Adjektiven und Adverbien Verbindungen ein. Sie erfüllen vielfältige Funktionen, so z. B.:
– der adverbialen Bestimmung: Vesele se směje. Je velmi pečlivý. Napsal to překvapivě rychle.

– des prädikativen Attributes: Dívka tancovala bosa. (Das Mädchen tanzte barfuß.)

Besondere Funktionen erfüllen Adverbien
– als Prädikativa (➚ 77) im nominalen Prädikat, z. B.: Je tu veselo. Je nám zima. Je nutno pochopit, že …

– als Satzadverbien: Určitě přijde. Prý je nemocen (Es wurde mir gesagt, daß er krank ist). Samozřejmě se budu o tom nejdříve informovat.

Zum Vergleich der Funktionen der Adjektive und der Adjektivadverbien vgl. S. 63.

Die Präpositionen

Die Präpositionen bilden eine zahlenmäßig kleine Gruppe undeklinierter Wörter. Sie haben die Aufgabe, das von ihnen abhängige Wort (Substantiv oder Pronomen) an ein anderes (Verb, Substantiv, Adjektiv, Pronomen) anzuknüpfen und die Art des Verhältnisses zwischen dem in beiden Wörtern Genannten auszudrücken.
Oft gehören sie zu einem Verb und kennzeichnen die Objektbeziehung. In Verbindung mit einem Verb wirken sich die Präpositionen manchmal auch bedeutungsunterscheidend aus, z. B.:

vstoupit **v** platnost (in Kraft treten); vstoupit **do** spolku (einem Verein beitreten); mluvit **o** něčem; mluvit někomu **do** něčeho (jemandem in etwas hineinreden)

Die Rektion der Präpositionen

Das abhängige Wort steht in dem von der Präposition verlangten Kasus.
Einige Präpositionen haben mehrfache Rektion.

ein Kasus:	od, z + Genitiv	dopis od bratra, konvice z porcelánu
zwei Kasus:	na + Akkusativ	(lokal wohin?) Postav tu vázu na stůl.
	na + Präpositiv	(lokal wo?) Váza je postavena na stole.
drei Kasus:	s + Instrumental	Jedeme s bratrem na výlet.
	s + Genitiv	Smazal text s tabule.
	s + Akkusativ	nur in 2 Redewendungen: kdo s koho, být s to.

68 Nach ihrem Ursprung gliedert man die Präpositionen in **ursprüngliche**:

bez, do, k, na, nad, o, od, po, pro, před, přes, při, s, u, v, z, za

und **abgeleitete**, wie z. B.: místo, podle, kromě, vedle darunter auch Präpositionen, die aus präpositionalen Verbindungen bestehen, z. B.: s ohledem na, vzhledem k, nezávisle na, nehledě k, ve srovnání s, na rozdíl od.

Die Vokalisierung von Präpositionen

69 Vokalisierte Formen der aus einem Laut bestehenden Präpositionen k, s, v, z: **ke, se, ve, ze** werden verwendet:
– vor gleichem Laut oder Paarlaut, z. B.: ke Karlovi, se sestrou, se ctí, ve vládě, ve čtvrtek,
– vor Konsonantengruppen mit einem Zischlaut, z. B. s, š, z, c, č im Anlaut, z. B.: ve čtvrtek, se ctí, ze spořitelny,
– vor dem Personalpronomen já: se mnou, ke mně,
– vor dem unbestimmten Pronomen „všechen": ve všem, ke všemu.

Die Vokalisierung der Präposition k zu ku gilt als veraltet. Sie findet sich nur noch in Adverbien oder festen Wendungen wie: kupodivu (erstaunlicherweise), kupředu (vorwärts), ku příkladu.

Vokalisiert werden in Verbindung mit dem Personalpronomen **já** und dem unbestimmten Pronomen **všechen** auch die Präpositionen **bez, nad, od, pod, před**, z. B.: beze všeho (ohne weiteres), nade mnou, ode mne, pode mnou, přede mnou.
Lexikalisiert sind die Verschmelzungen der Präpositionen pro, za, na und o mit dem Pronomen co (➚ 41) und dessen Reduzierung zu č in Formen wie **proč, zač, nač, oč**.
Die Verschmelzungen der Präpositionen mit dem Pronomen on, wie z. B.: doň, proň, oň anstelle von do něj, pro něj, o něj sind veraltet.

Die Bedeutungen der wichtigsten Präpositionen in alphabetischer Reihenfolge:

	Kasus	Bedeutung	Entsprechung im Deutschen	Beispiele
během	G.	temporal	binnen, im Laufe	během dne
bez	G.	modal	ohne weniger/minus	Přišel bez pozvání. Deset bez jedné je devět.
do	G.	lokal kam?	in nach zur	Vešel do domu. Odjel do Brna. Jdu do práce.
		übertragen	bis (zu einer gedachten Grenze)	Počítat do sta. do konce, do poloviny
		temporal	bis; in … hinein binnen	Pracoval do noci. Do týdne to bude hotové.
		final (Zweck)	(Zusammensetzungen)	zelenina do polévky (Suppengrün)
		modal (Effekt)	bis zum	Pracuje až do vyčerpání.
		Objektbeziehungen		plést se do; pustit se do investovat do něčeho, zamilovat se do někoho vrazit do někoho, něčeho
k	D.	lokal kam?	an zu	postavit se k oknu jít k řece, k tetě
		temporal	gegen	k šesté
		final (Zweck) (Anlaß)	zum	K čemu to potřebuješ? Dárek k narozeninám.
		Objektbeziehungen:		patřit k někomu, něčemu chovat se k někomu nějak, přiznat se k, vztahovat se k něčemu
kolem	G.	lokal	am … vorbei um … (herum)	kolem domu kolem světa

Kasus		Bedeutung	Entsprechung im Deutschen	Beispiele
kolem		temporal	ungefähr etwa um	kolem páté hodiny kolem deseti lidí
kromě	G.	modal	außer	kromě mne, kromě pondělí
kvůli	D.	kausal	wegen (Grund)	kvůli nehodě
mezi	I.	lokal kde?	zwischen	stát mezi Petrem a Janou
	A.	lokal kam?	zwischen unter	sednout si mezi Dana a Evu Pojďte mezi nás.
		übertragen	unter	mezi čtyřma očima
	I.	temporal	zwischen	mezi dvěma přestávkami.
		Objektbeziehungen:	zwischen	rozlišovat mezi, rozdíl mezi
mimo	A.	modal	außer	mimo mne
		lokal	außerhalb, außer	mimo dům
místo	G.	modal	statt, anstelle	místo tebe místo růží koupil kaktus.
na	A.	lokal kam?	Richtung in, zum auf an	na Prahu (in) Richtung Prag na poštu, na koncert na stůl (auf den Tisch) na tabuli (an die Tafel)
	P.	lokal kde?	auf an	na stole (auf dem Tisch) na tabuli (an der Tafel)
	A.	final (Zweck)	(Zusammensetzung)	prášek na praní (Waschmittel)
		(Anlaß)	für	na vánoce jít na houby (Pilze sammeln gehen), na výlet
		Mittel (Antrieb)	Zusammensetzung	auto na elektriku rádio na baterii
		kausal (Grund)	auf zu infolge	na rozkaz, na mou prosbu na jeho omluvu (zu seiner Entschuldigung) na následky
		modal (Hinsicht)	dafür	na to je ještě malý
			fast, ungefähr	na sta tisíce, na sta dopisů

	Kasus	Bedeutung	Entsprechung im Deutschen	Beispiele
na	P.	temporal	im	na jaře, na podzim
	A.	Objektbeziehungen: Instrument	einfacher Kasus	hrát na housle (Geige spielen)
	P.	Verkehrsmittel	einfacher Kasus	jezdit na kole
	A.	Thema, Gegenstand	auf an	spoléhat se na, stěžovat si na, čekat na, zvyknout si na, myslet na, vzpomenout si na
	P.		an	pracovat na něčem
	A.	Zuwendperson	an	žárlit na někoho, obracet se na
			einfacher Kasus	usmát se na někoho (jemandem zulächeln), zlobit se na (jemandem böse sein)
nad	A.	lokal kam?	über	nad knihovnu
	I.	kde?	über	nad knihovnou
	A.	modal	mehr als, über (eine gedachte Grenze) … hinaus	nad všechno očekávání (über jegliche Erwartung hinaus)
	I.	Objektbeziehungen: Thema, Gegenstand	über	zvítězit nad, vyniknout nad zamyslet se nad
naproti	D.	lokal	gegenüber	naproti poště
o	P.	temporal	um	o půlnoci, o prázdninách
		Objekbeziehungen: Thema, Gegenstand	von, über	mluvit o počasí, radit se o, vyprávět o, přesvědčovat o, pochybovat o, myslet si něco o, zdát se o
	A.		um, für	bát se o někoho, zajímat se o, prosit o, volat o pomoc, starat se o, stát o někoho/o něco hádat se o něco

135

	Kasus	Bedeutung	Entsprechung im Deutschen	Beispiele
o		Objektbeziehungen: um		jedná se o nás, hrát o peníze vsadit se o tisíc korun splést se o tři stokoruny
		Gegenstand (konkret)	am, an	uhodit se o stůl, opírat se o hůl
	P.	feste Wendungen		být o hladu (Hunger leiden) žít o samotě
	A.	Vergleich		starší o tři roky
ob	A.	jeder zweiter (nur in festen Verbindungen)		ob dům (jedes zweite Haus) ob řádek (jede zweite Zeile)
od	G.	lokal	von, vom aus der Nähe von	Od sedl si od nás. Je od Plzně.
		temporal	von – bis ab oder seit	od sedmi do tří od příštího pondělka (ab), od podzimu (seit oder ab Herbst)
		Urheber	von	kniha od Hrabala, hudba od Smetany, dárek od rodičů
		Ursprung, Ursache	(Zusammensetzungen)	skvrna od ovoce sklenice od piva
		Zugehörigkeit		klíč od domu
		Objektbeziehungen: Gegenstand	einfacher Kasus von	upustit od něčeho (etwas sein lassen, aufgeben) lišit se od něčeho, od někoho
okolo	G.	lokal	um … herum	okolo domu
		temporal	ungefähr	okolo tří dnů
ohledně	G.	modal	Hinsicht, bezüglich	ohledně odjezdu
oproti	D.	Vergleich	im Vergleich zu, demgegenüber	oproti minule (im Vergleich zum vorigen Mal)
po	P.	lokal wo?	Bewegung auf der Oberfläche, in eine oder verschiedene Richtungen	Chodí po pokoji. (Er läuft im Zimmer hin und her.) Jde po mostě. (Er läuft auf der Brücke.)

	Kasus	Bedeutung	Entsprechung im Deutschen	Beispiele
po	P.	temporal	nach vorbei, erledigt	po čtvrté hodině Je po radosti. (Die Freude ist vorbei.) Je po dešti.
			im Intervall von nach	po dvou hodinách, až po vás (nach Ihnen)
		Nachfolge	nach, von	kabát po sestře, dům po tetě
		Objektbeziehungen	nach	opičit se po někom (jemanden nachäffen) být po otci (nach dem Vater kommen)
		Gegenstand	nach	ptát se po, toužit po někom, něčem, stýskat se po (sich nach jemandem/etwas sehnen)
		Vervielfältigungs-zahlwort		po prvé, po druhé (zum ersten, zweiten Mal)
		Distributiv-zahlwort		po dvou (je zwei, zwei und zwei)
pod	A.	lokal kam?	unter	pod okno
	I.	lokal kde?	unter	pod oknem
	A.	übertragen: unter eine gesetzte Grenze	unter	pod vší kritiku (unter aller Kritik), (je to) pod mou důstojnost (unter meiner Würde)
	I.			prodat pod cenou (unter dem Preis verkaufen)
		Begleitumstand	unter	pod pokutou, pod cizím jménem pod názvem, pod podmínkou, pod přísahou
podél	G.	lokal kudy?	entlang	podél řeky (am Fluß entlang)
podle	G.	lokal	entlang, am *wie podél*	Jděte pořád podle kolejí.
		Vorbild, Bedingung	gemäß, laut, entsprechend nach	podle zpráv (našeho dopisovatele) řídit se podle někoho podle možnosti

	Kasus	Bedeutung	Entsprechung im Deutschen	Beispiele
pro	A.	kausal (Grund)	wegen	Pro nemoc zavřeno.
		Objektbeziehungen: Gegenstand		jít pro housky (Brötchen holen gehen)
		zugunsten von etwas jemandem	für	Ta kniha je pro tebe. rozhodnout se pro někoho pro potěšení znamenat něco pro někoho
		Hinsicht	in bezug auf, für	pro něj to není námaha pro dnešek
		in Wendungen		pro pána krále! (sinngemäß: um Gottes Willen!)
proti	D.	lokal (wie naproti)	gegenüber gegen	Bydlí proti parku. plavat proti proudu
		Mittel	gegen	prášek proti bolení hlavy
		Objektbeziehungen: Widerstand	gegen	vzbouřit se proti, bojovat proti, protestovat proti, bránit se proti
		Vergleich (wie oproti)	demgegenüber	proti němu (Im Vergleich zu ihm)
před	I.	temporal	vor	před dvěma léty, před naším letopočtem (vor unserer Zeitrechnung)
	A.	lokal kam?	vor	před dveře
	I.	kde? übertragen	vor vor	před kinem vystupovat před někým (vor jemandem auftreten) stydět se před někým
přes	A.	lokal	über	přes most (über die Brücke)
		temporal	Zeitspanne länger als, über	přes neděli (über Sonntag) přes hodinu (über 1 Stunde)
		Anzahl	mehr als	přes deset (mehr als zehn)
		konzessiv	trotz	přes zákaz (trotz Verbotes)

	Kasus	Bedeutung	Entsprechung im Deutschen	Beispiele
při	P.	konditional	bei	Při sněhu a náledí cesta uzavřena. (Bei Schnee und Glätte ist der Weg gesperrt.)
		temporal	während, bei	Při jídle se nemluví. (Beim Essen spricht man nicht.)
s	G.	lokal kam?	Richtung von oben nach unten, weg von der Oberfläche	Smazat slova s tabule. Sejde s očí, sejde s mysli. (Aus den Augen, aus dem Sinn.)
	I.		zusammen mit	Přišel se třemi psy. čaj s cukrem
		Objektbeziehungen:	mit von	Sejdeme se s přáteli. souhlasit s, mluvit s, minout se s, porozumět si s, rozcházet se s, loučit se s někým
		Thema, Gegenstand	mit	souviset s, začít s, zacházet s něčím/s někým
	A.	Wendungen		být s to (imstande sein) kdo s koho (wer überwindet, besiegt wen)
u	G.	lokal wo?	bei, am zum	u Ostravy, u okna, u rodičů Hotel u Zlatého Lva (Hotel zum Goldenen Löwen)
		Wendungen		být u vytržení (in Verzückung sein)
v	P.	lokal kde?	in	ve městě, v tramvaji, v autě
		temporal	um, am in, im	v půl druhé, v pondělí v září, v tomto roce, v zimě
		übertragen	in (einem Zustand)	v dobré náladě (gut gelaunt)
		Begleitumstand		v saku, v pestrých šatech
		Objektbeziehungen: Thema, Gegenstand	in	shodnout se s někým v souhlasit s někým v něčem, zklamat se v, libovat si v, spočívat v, lišit se v něčem,
	A.		an	doufat v, věřit v někoho, něco

Kasus		Bedeutung	Entsprechung im Deutschen	Beispiele
vedle	G.	lokal kam?	neben	Sednu si vedle tebe.
		kde?	neben	Bydlí vedle kostela.
z	G.	lokal odkud?	aus	z domu
		temporal odkdy?	von	Noviny z minulé středy. (die Zeitung vom vorigen Mittwoch)
		kausal	aus	z lenosti (aus Bequemlichkeit)
		Material	aus	váza z porcelánu
		Quelle	aus	ze zkušenosti
		Abstammung	aus	Je z Prahy.
		Objektbeziehungen: Thema, Gegenstand	aus von	mít radost z, obvinit z, podezírat někoho z něčeho, zotavit se z něčeho
za	A.	lokal kam?	hinter	za dveře, jít za někým (zu jemandem oder hinter jemandem her)
	I.	lokal kde?	hinter	za dveřmi
	G.	temporal	während	Za vlády Karla IV.
	A.		in	za dvě hodiny (in zwei Stunden)
			nach	za dvě hodiny (nach zwei Stunden)
	I.	final	(meistens Verb)	jít za prací, za zábavou (arbeiten gehen, ausgehen)
	G.	konditional	bei, unter	za těchto podmínek, za tmy
	A.	modal	statt, für von, vertretend, repräsentierend für (Gegenwert)	Udělám to za tebe. Hraje za Slavii. Prodal to za desetikorunu.
	A.	Objektbeziehungen: Thema, Gegenstand		vyměnit něco za něco, odpovídat za, moci za,

Kasus	Bedeutung	Entsprechung im Deutschen	Beispiele
			stydět se za, pokládat někoho za něco, nějakého, někoho, zvolit za, vydávat se za, děkovat za, platit za, chodit za, ohlížet se za, bojovat za
		in Wendungen	mít za to (annehmen), mít někoho za, nějakého, někoho, stát za něco (sich lohnen), Stojí to zato (es lohnt sich), Nestojí to za nic (es taugt nichts) vzít si za ženu (jemanden heiraten)

Anmerkung

Einige lokale Präpositionen gehören in Bezug auf lokale Fragen zueinander:

kam? (wohin?)	kde? (wo?)	odkud? (woher?)
do	v	z
jdu do obchodu	jsem v obchodě	jdu z obchodu
jedu do Prahy	jsem v Praze	jedu z Prahy
nastoupím do vozu	jsem ve voze	vystoupím z vozu
na	na	z
jdu na poštu	jsem na poště	odcházím z pošty
jedu na hory	jsem na horách	přijíždím z hor
na	na	s
leze na strom	je na stromě	sleze se stromu
k	u	od
jdu k oknu	stojím u okna	odstoupím od okna
jedu k tetě	jsem u tety	jedu od tety

Die Konjunktionen

Die Konjunktionen sind unflektierte Wörter, den die Aufgabe zufällt, Wörter, Wortgruppen oder Sätze miteinander zu verbinden und ihre gegenseitige Beziehung zum Ausdruck zu bringen.

Übersicht der wichtigsten Konjunktionen in alphabetischer Reihenfolge:

Konjunktion	Funktion	Entsprechung
a	kopulativ	und
aby	final	damit; um … zu
+ Partizip Perfekt Aktiv		
ačkoli(v)	konzessiv	obwohl
ale	adversativ	aber
ani – ani	kopulativ	weder – noch
+ negierte Verbformen		
aniž by	modal	ohne – zu
a sice, a to	explikativ	und zwar
(a)však	adversativ	jedoch
ať	Objektsatz, indirekter Aufforderungssatz	daß
ať (už) – nebo	disjunktiv	ob (so) – oder
ať (jakkoli)	konzessiv	(wie) auch immer
až	temporal	wenn
+ Futurform des Verbs		
až (do) (vyčerpání)	modal	bis zum (Umfallen)
buď – (a)nebo	disjunktiv	entweder – oder
či (buchsprachlich)	disjunktiv	oder
čím – tím	proportional	je – desto
i	kopulativ	und auch
i – i	kopulativ	sowohl – als auch
jak – tak	kopulativ	sowohl – als auch
jakmile	temporal	sobald
jako by, jako že	modal, Vergleich	als ob
jakož i	kopulativ	sowie
jelikož	kausal	weil
jenže, jenomže	adversativ	aber, nur
jestli	Objektsätze, indirekte Fragesätze	ob
jestliže, jestli	konditional	wenn
kdežto	adversativ	während, demgegenüber
kdyby	konditional	wenn
když		
+ Perfektform des Verbs	temporal	als
+ Präsensform des Verbs	temporal	wenn
	konditional	wenn

Konjunktion	Funktion	Entsprechung
ledaže	konditional	es sei denn
-li	konditional	wenn
místo, aby	modal	statt zu
natož	gradativ	geschweige denn
nebo	disjunktiv	oder
nejen – ale i, nejen – nýbrž i	gradativ	nicht nur – sondern auch
než	temporal	bevor, ehe
poněvadž	kausal	weil
proto, a proto	kausal	deshalb
protože	kausal	weil
přestože	konzessiv	obwohl
sice – ale	adversativ	zwar – aber
takže	konsekutiv	so daß
tudíž	konsekutiv	folglich
zatímco	temporal	während
	adversativ	während, demgegenüber
zda, zdali (buchsprachlich)	Objektsätze, indirekte Fragesätze	ob
že	kausal	daß

Anmerkung
Die buchsprachliche konditionale Konjunktion -li ist ein Enklitikon (➚ 71) sie tritt nur in Verbindung mit einer Verbform auf, z. B.:

    bude-li (wenn es sein wird), zavolá-li (wenn er/sie anruft)

70 Die Konjunktionen aby und kdyby (und auch než by, místo, aby, aniž by) enthalten die finite Verbform by. Sie verändern ihre Form nach Person und Numerus des Subjekts. Das dazugehörige Verb hat immer die Form des Partizips Perfekt Aktiv, z. B.:

    kdyby přišel; aby to neviděl.

Der Funktion im zusammengestzten Satz (S. 155 ff.) nach unterscheidet man koordinierende (nebenordnende) und subordinierende (unterordnende) Konjunktionen.

Die Partikel und die Interjektionen

Die **Partikel** sind unflektierte Wörter ohne Satzgliedwert.
Im Tschechischen zählt man zu den Partikeln vor allem solche Wörter, die die subjektive Einstellung des Sprechers zum Inhalt der Aussage oder zum Adressaten zum Ausdruck bringen.
Sie sind meist expressiv gefärbt und ihre Bedeutung kommt erst im Satz (oft erst aus dem Kontext oder aus der Situation) zum Ausdruck.
Die meisten Partikel sind mit anderen Wortarten homonym, vor allem mit Konjunktionen und Adverbien, aber auch mit einzelnen Wortformen deklinierter Wortarten, z. B.:

kéž, ať	Kéž už přijde! Ať už to skončí! – Wunsch	
kdyby	Kdyby už bylo poledne!(wenn es bloß …!) – Wunsch	
tedy	Tedy to bylo tak. (Also …) – Einleitung des Satzes	
když	Když mi to nejde! (wenn es aber …) – Begründung, Ausrede	
ale	Ale, ale pánové! (Beschwichtigung)	
bodejť	Bodejť by se nebál. (na klar …) – Begründung	
copak	Copak jsem to mohl vědět? (Konnte ich es denn …?) – Rechtfertigung	
no	No tak pojď! No tak! (komm doch!) – Aufforderung	
jó	Ty do toho tak mlátíš, abys to jó (*ja*) rozbil. – *Intensivierung*	

Die **Interjektionen** sind unflektierte Wörter ohne Satzgliedwert, die Gefühle, Willensregungen und Sinneseindrücke wiedergeben. Sie drücken Empfindungen aus, z. B.:
– Freude: hurá, jé, juchú,
– Überraschung: och, jéje, páni, no né, sakra, kruci.
– Aufforderungen: prr, čehý, hot, vijé, marš, na, nate;
– Schall- oder Klangnachahmungen: břink, buch, bác, cheche, mňau, ťuk.

Den Interjektionen stehen Vokative der Substantive sowie Imperative der Verben am nächsten. Manche dieser Formen fungieren schon als Interjektionen, z. B.:
pane, panečku, hrome, lidičky; hybaj, hele, viď, ale jděte

Zur Wortfolge und zur Negation

Die Wortfolge

Die tschechische Wortfolge ist im Vergleich zur Wortfolge des deutschen Satzes verhältnismäßig frei. Eine feste, verbindliche Wortfolge haben
– die Enklitika
– einige Wortformen und Satzglieder.

Neben diesen Gesetzmäßigkeiten richtet sich die Wortfolge im Satz vorwiegend
– nach der aktuellen Hervorhebung, Betonung bestimmter Satzteile
Die hervorgehobenen Wörter stehen meistens am Anfang oder am Ende des Satzes:
Klíče nemůžu najít. Mysleli jsme si, že s námi na tu výstavu **půjdeš**.

– nach der aktuellen Gliederung des Satzes
Das bereits Bekannte, Erwähnte, steht am Anfang des Satzes: **Dívky** vešly do pokoje (sie sind uns bereits aus dem Kontext bekannt).
Das Neue, Unbekannte oder noch nicht Erwähnte steht nicht am Anfang, sondern am Ende des Satzes: Do pokoje vešly dvě **dívky** (sie sind zum ersten Mal erwähnt).

– nach der emotionalen Färbung der Aussage
Es werden die objektive und die subjektive Wortfolge unterschieden. Die objektive Wortfolge ist die Wortfolge in neutralen, nicht emotional betonten Texten.
Die subjektive Wortfolge ist die Wortfolge emotional gefärbter, emphatischer Texte; sie weicht manchmal stark von der erwarteten objektiven Wortfolge ab.

Die Enklitika

71 Enklitika sind Wörter mit einer abgeschwächten Betonung, sie „lehnen sich" an betonte Wörter an. Dies sind im Tschechischen mehrere Formen und Wortarten, die häufig eine Reihe bilden, an ein betontes Wort gebunden sind und wie ein rhythmisches Ganzes, wie ein Wort, ausgesprochen werden.
Für Enklitika gilt:
- sie stehen nie am Anfang des Satzes, sondern jeweils
- nach dem ersten Satzglied, z. B.: Včera odpoledne se vrátil. Já **jsem se** mýlil.
- nach Konjunktionen, z. B.: Když **se** vrátil, ohlásil se.

- sie stehen in einer festen Reihenfolge:

1.Wort/ Satzglied	Hilfsverb	Reflexiv-pronomen	Personal-pronomen	weitere Satzteile
	jsem bych	se, si	mě, tě, ho mi, ti, mu	
On	by	se	tě	zeptal.
Mohli	byste		mi	napsat.
Já	jsem	se	ti	omluvil.
Já	bych	si		to přál.

In der 2. Person Singular verschmilzt das Hilfsverb mit dem Reflexivpronomen zu **ses** bzw. **sis** (↗ 60), z. B.:

Včera ses ho měl zeptat.
Třeba sis to spletl.

Die enklitische Konjunktion -li steht immer nach der Verbform als erstes Satzglied:
Bude-li se mu to líbit.

Eine Enklitika-Reihe steht meistens unmittelbar nach den Konjunktionen: protože, že, aby, kdyby, když, jakmile.

Nechci tam s tebou jít, protože se ti to nebude líbit.
Buď se tam teď půjdeme podívat spolu nebo se tam jdi podívat sám.

Nach einigen koordinierenden Konjunktionen, und zwar den kopulativen Konjunktionen: **a**, **i** und den adversativen Konjunktionen: **ale**, **avšak**, jenže, jenomže steht zuerst ein Satzglied und dann die Enklitika-Reihe:

Petr šel na výstavu **a já** jsem se šel koupat. Radil jsem mu, aby to nekupoval, **ale on** se rozhodl jinak. Můžeš to říct mně **a já** mu to vyřídím. Ještě se o to pokusím **a třeba** se mi to podaří spravit.

Enklitika sind:
- die enklitische Konjunktion (Partikel) -**li**,
- finite Form des Hilfsverbs být im Perfekt: šel **jsem**, šli **jsme**
- finite Form des Hilfsverbs být im Konditional: já **bych** šel, my **bychom** šli
- das Reflexivpronomen: **si**, **se**
- die kurzen Formen des Personalpronomens já, ty, on: **mi**, **ti**, **mě**, **tě**, **mu**, **ho**.

Keine Enklitika sind:
– das Hilfsverb být als Kopula: jsem učitel; in den Formen des Passivs: jsem objednán; in der Futurform: budu platit; das Partizip Perfekt Aktiv: byl

– das Verb být als Vollverb in der Bedeutung existieren oder sich irgendwo befinden: Jsem tady. U toho pravidla nejsou (neexistují) výjimky.

Die Wortfolge der zusammengesetzten Wortformen hängt davon ab, ob Enklitika oder keine Enklitika ihre Bestandteile sind:

keine Enklitika				Enklitika				
Präsens	Já	jsem	volán	Perfekt	Já	jsem	byl	volán.
		Jsem	volán		Byl	jsem		volán.
Futur	Já	budu	volán	Konditional	Já	bych	byl	volán.
		Budu	volán		Byl	bych		volán.

Die Enklitikareihe zieht oft noch andere kurze, allgemeine Ausdrücke, wie Personalpronomen (auch mit Präpositionen), Demonstrativpronomen, Adverbien an sich, z. B.:

Já jsem se tam na to musel podívat. Já bych ti tam pro to došel.

Obwohl es keine Enklitika sind, ist die Position solcher Ausdrücke, wie: **to, tu, tam, na tom, o tom** nach dem Verb, nicht korrekt. Es ist allerdings möglich, sie bei einer Hervorhebung an den Anfang des Satzes zu stellen: Na to se přišel podívat.

Weitere regelhafte Fälle der Wortfolge einzelner Satzglieder, sowie der Satzfolge zusammengesetzter Sätze sind dem Kapitel Satzbildung zu entnehmen.

Wortverneinung und Satzverneinung

Durch die Wortverneinung wird nur ein Teil des Satzes, durch die Satzverneinung die gesamte Aussage negiert. Kennzeichen der Negation sind die Präfixe ne- oder ni- (ni- nur bei Pronomen und Adjektiven). Bezüglich der Wortverneinung, z. B.:

Jel neopatrně. (Er fuhr unvorsichtig.) Je pořád nespokojený. (Er ist immer unzufrieden.) Není neopatrný (Er ist nicht unvorsichtig.)

unterscheidet sich das Tschechische vom Deutschen nicht.
Unterschiede gibt es bei der Satzverneinung. Im Tschechischen kommt es oft zu einer mehrfachen Negation. Die gesamte Aussage wird negiert mit Hilfe der Negation des Prädikats, der finiten Verbform, die jeweils nur einmal negiert wird, z. B.:

nebyl bych řekl, nebudu se zlobit.

72 Die **mehrfache** Negation entsteht durch die Verwendung von Negativpronomen oder -adverbien im Satz, z. B.: **nikdo, nikde, nic, nikam, žádný** z. B.:

Nikdo nepřišel. (Es kam niemand.) Nemám žádné námitky. (Ich habe keine Einwände.) Nikdy mu nic neřekne. (Er sagt ihm nie etwas.)

Die Satzbildung

Die Satzarten

Nach der Einstellung des Sprechers zum vermittelten Sachverhalt unterscheidet man:
– Aussagesätze, die einen Sachverhalt einfach berichtend wiedergeben;
– Fragesätze, die einen Sachverhalt insgesamt (als Entscheidungsfrage) oder unter einem bestimmten Gesichtspunkt (Ergänzungsfrage) ermitteln;
– Aufforderungssätze, die eine Aufforderung oder Bitte, eine Anweisung oder einen Befehl ausdrücken;
– Ausrufesätze: durch die ein Sachverhalt mit starker innerer Anteilnahme zum Ausdruck gebracht wird.

Bildung von Fragen

Die **Entscheidungsfragen** haben in der Regel eine inversive Wortfolge, d.h. das Prädikat steht vor dem Subjekt:
   Byl Tomáš včera večer doma? **Mají** Novákovi doma psa?

Die Antwort lautet:

bei einer positiv formulierten Frage	bei einer negativ formulierten Frage
Byl jsi včera doma?	Nebyl jsi včera doma?
bei einer Bestätigung des Inhalts: Byl. Ano, byl.	Ne. Nebyl.
bei einer Verneinung des Inhalts: Nebyl. Ne, nebyl.	Byl. Byl jsem doma.

Deliberative Fragen (Alternativfragen):
Byl jsi včera večer doma nebo nebyl?/nebo ne? Přeješ si kávu nebo čaj?

In den Entscheidungsfragen mit einer inversiven Wortfolge wird in der Regel kein pronominales Subjekt verwendet. Das pronominale Subjekt wird nur in emphatischer Funktion, in Suggestiv- oder den rhetorischen Fragen verwendet, z. B.:

Máš ty vůbec představu o tom, co to stojí? Máte vy snad doma psa?

Wenn die Frage eine Verwunderung, Ungläubigkeit, Zweifel enthält, werden die Wortfolge des Aussagesatzes und das pronominale Subjekt verwendet, z. B.:

Ty už to máš napsané?

Ein starker Zweifel wird mit der Konjunktion že eingeleitet, z. B.:

Že tys tam nebyl?

Die **Ergänzungsfragen** werden mit einem Fragewort eingeleitet, z. B.:

Kdy se podíváte na výstavu? Kam pojedeš na dovolenou? S kým to mluvíš?

Wenn das Subjekt nicht nachdrücklich betont ist, wird kein pronominales Subjekt verwendet, z. B.:

Kam jdeš? Kdy půjdeme? Kdy přijdou?

Nach dem Fragewort folgt in der Regel die inversive Wortfolge, d. h. das Subjekt steht nach dem Prädikat, z. B.:

Kdy zavolal Marek?

Es kann aber auch die Wortfolge des Aussagesatzes verwendet werden (z. B. dann, wenn man sich vergewissern will): Kdy Marek zavolal? Diese kommunikative Funktion kann man mit „že" noch verstärken: Kdy že Marek zavolal?

Die **Aufforderungssätze** beinhalten das Verb in der Imperativ- oder (höflicher) in der Konditionalform:

Otevři, prosím tě okno. Mohl bys otevřít okno, prosím tě?

Die **Ausrufesätze** werden mit den Partikeln: kéž, ať, jak, rhetorische Fragen mit copak, což, cožpak eingeleitet, z. B.:

Kéž by se nám to podařilo! Ať se brzy uzdraví! Copak nevidíš, že mám plné ruce práce! Cožpak to nechápete? Cožpak si myslíte, že vám chci uškodit?

Rhetorische Fragen werden auch als Entscheidungsfragen formuliert, z. B.:

Může o tom snad někdo pochybovat?

Gliederung der Sätze nach ihrer Struktur

Der Struktur nach unterscheidet man einfache Sätze und zusammengesetzte Sätze. Der Satz besteht aus Satzgliedern. Den Kern des Satzes bilden das Subjekt und das Prädikat. Weitere Satzglieder sind: das Objekt, das Attribut, das prädikative Attribut (doplněk), die adverbialen Bestimmungen.Sie kommen auch mehrfach vor und werden eventuell mit Hilfe der koordinierenden Konjunktionen verbunden.
Der zusammengesetzte Satz besteht aus zwei oder mehreren einfachen Sätzen.

Es werden unterschieden:
- Satzverbindungen: kopulative, adversative, explikative, disjunktive, gradative, konsekutive und kausale
- Satzgefüge mit den Subjekt-, Prädikat-, Objekt-, Attributiv- und Relativ- sowie Adverbialsätzen.

Der einfache Satz

Im Tschechischen gibt es zweigliedrige oder eingliedrige Sätze.
Zweigliedrige Sätze enthalten Subjekt und Prädikat, z. B.:
> Jaro se blíží.

73 **Eingliedrige Sätze** enthalten nur das Prädikat. Es sind vor allem Aussagen über:
- Naturerscheinungen, z. B.: Prší.
- allgemeine Zeitangaben, z. B.: Ještě je brzy. (Es ist noch zu früh).
- Empfindungen, z. B.: Je tu veselo. (Es geht hier fröhlich zu).

Das Prädikat nimmt in diesem Falle immer die unpersönliche Form an, es steht in der 3. Person Singular. Im Deutschen werden solche Sätze in der Regel mit dem unpersönlichen „Es" (*im Tschechischen manchmal mit „ono"* ↗ **38**) eingeleitet.

74 In den tschechischen **zweigliedrigen Sätzen** ist oft das **Subjekt** des Satzes **nicht „ausgedrückt"**, und zwar dann, wenn:
- das Subjekt aus dem Kontext oder/und aus der Form des Verbs eindeutig erschließbar ist, z. B.: Pracuje dlouho do noci. Vítám vás u nás (↗ **38**).

- das Subjekt nur allgemein gemeint und als solches auch bekannt ist, z. B.: Co hrají dneska v Národním divadle? Říkali ve zprávách, že bude pršet.
In diesem Falle steht das Verb immer in der 3. Person Plural.

- der Satz eine allgemeingültige (für alle Subjekte gültige) Aussage beinhaltet. Das Prädikat nimmt dann in der Regel die unpersönliche (reflexive) Form an und steht in der 3. Person Singular, z. B.: To se nesmí. To se tak neříká. Tady se nesmí kouřit. Im Deutschen werden dann die Sätze mit „man" verwendet.

Ein umgangssprachliches Mittel für das Kennzeichnen eines allgemeinen Subjektes ist das Wort „člověk" (man). Dieses wird vor allem dann verwendet, wenn sich der Sprecher ausdrücklich einbezieht, mit der allgemeinen Wahrheit identifiziert. z. B.:
> Člověk nikdy neví. Člověk se může mýlit.

Das Wort „člověk" kann allerdings auch die 1. Person vertreten, z. B.:
> Člověk se snaží, a k ničemu to nevede. (gemeint ist: Já se snažím ...).

Wenn der Sprecher ausdrücklich auch den Hörer einbeziehen möchte, kann das Prädikat auch die persönliche Form (2. Person Singular oder Plural) annehmen, z. B.:
> Nikdy nevíš, jak to dopadne. To máte těžké. Jak se v tom máte vyznat.

In einigen Fällen kann die **finite Form** des nominalen Prädikats **elliptisch** sein:
- manchmal in Sprichwörtern: Mladost – radost. (*Jugendjahre – Freudenjahre.) Mlčeti zlato. (Schweigen ist Gold.) Sliby chyby. (*Die Versprechen sind Fehler.)
- oft in Auf- und Überschriften: Vstup zakázán. Cesta uzavřena. (Weg gesperrt.)

Das Subjekt

Als Subjekt treten auf:
- ein Substantiv, z. B.: Auto nebrzdí. Čtení unavuje.
- ein Pronomen, z. B.: Vy tam nepůjdete? Ten to umí! Někdo přišel.
- der Infinitiv, z. B.: Psát dopisy mne nebaví.

Das substantivische oder pronominale Subjekt steht in der Regel im Nominativ:
Herci odmítli hrát.

Das Subjekt steht im **Genitiv**:
- bei dem Mengengenitiv: Tady je knih! Tam jich sedí! immer mit einer Raumangabe (adverbial oder präpositionale Verbindung), in der angeführten objektiven Wortfolge: Raumangabe – Verb – Substantiv; Raumangabe – Pronomen – Verb.
- als Verneinungsgenitiv (nur noch in festen Wendungen), z. B.: Není divu, že nepřijel. Po lupičích nebylo ani vidu, ani slechu. Není dne, aby si na něj nevzpomněl.

Subjektfunktion kann auch ein Substantiv/Pronomen im Dativ übernehmen:
Substantiv/Pronomen im Dativ + Kopula + Altersangabe oder Zustand, z. B.:
Je nám líto. Petrovi je veselo. Kolik je ti let?

Das **Infinitiv**-Subjekt wird als 3. Person Singular aufgefaßt. Es ist häufig erweitert:
Číst knihy je zajímavé. Otevírat dveře za jízdy je velká lehkomyslnost.

Das (erweiterte oder nicht erweiterte) Infinitiv-Subjekt ist die Regel auch in Verbindung mit den Prädikativa (➚ 77).

Das Prädikat

Kongruenz Subjekt – Prädikat

75 Subjekt	verbales und nominales Prädikat	
	finite Formen	Partizipien, Adjektive
persönliche Formen		
Subjekt im Nominativ	Kongruenz in Person und Numerus	Kongruenz in Genus und Numerus
unpersönliche Form		
kein, allgemeines, Genitiv-, Infinitiv-Subjekt	immer 3. Person Singular	immer Neutrum Singular

Kongruenz mit dem Substantiv im nominalen Prädikat ↗ 13
3. Person Plural als unpersönliche Form ↗ 74, 58, vgl. auch ↗ 73

Das **verbale** Prädikat besteht aus einer finiten Verbform:
– aus einer einfachen Verbform: jede, kouří;
– aus einer zusammengesetzten Verbform: byl otevřen, bude vařit;
– aus einer Infinitivgruppe: chtěl přijít; nemusí si to nechat líbit;
Die Häufung der Infinitive einer Infinitivgruppe wird nicht als störend empfunden.
Die Anordnung einer Infinitivgruppe ist festgelegt:

	Modal-verb	Verb voluntatis, sentiendi u. a.	Phasenverb	Vollverb
byl by se	musel	snažit		přijít.
Petr jí bude	chtít	slyšet		zpívat.
Budu se	muset	snažit	přestat	kouřit.
Bude se	muset	nutit	zůstat	ležet.

Einige Teile der Infinitivgruppen sind in der Umgangssprache manchmal elliptisch: budu muset (dojít) na poštu; ten už k nám nesmí (přijít)
In Böhmen wird in der 1. Person Singular und Plural das finite Verb (das Hilfsverb být) im Perfekt oft ausgespart: Já mohla přijít včas. (statt já jsem mohla ...).

76 Das **nominale** Prädikat besteht aus
– einer finiten Form der Kopula (des Hilfsverbs být) je; jsou; není; nejsou; byli by; nebudou bzw.
– einem kopulaähnlichen Verbs stát se , stávat se, zůstávat, být někomu něčím und
– einem Substantiv, einem Adjektiv, einem Pronomen oder einem Adverb.

Das **Substantiv** als nominales Prädikat kann die Form des Nominativs oder des Instrumentals annehmen.
Das Substantiv steht im **Nominativ**
– wenn es sich um eine konstante Eigenschaft, ein konstantes Merkmal oder Beziehung (z.B. Verwandtschaftsverhältnis) handelt: Aleš je můj bratr. Karel je zbabělec.

Das Substantiv steht im **Instrumental**
– wenn es sich um eine veränderliche, vorübergehende Eigenschaft oder Merkmal handelt, d. h. um Berufsbezeichnungen, Funktionen u. ä.: Můj strýc je řezníkem. Pan Novák je naším předsedou. Byl dlouho starostou města Kolína.

In der Umgangssprache wird die Form des Nominativs aber auch in diesem Fall vorzugsweise verwendet: Můj strýček je řezník. Pan Novák je náš předseda.
– in festen, für die Schriftsprache typischen Wendungen, wie: Naším přáním je vám pomoci. (Unser Wunsch ist es, ...) Významným činem bylo uzavření smlouvy. Hlavním hrdinou filmu je patnáctiletý chlapec.
In diesem Fall steht das nominale Prädikat oft vor dem Subjekt, am Anfang des Satzes.
– in Verbindung mit den Verben: stát se, stávat se někým, zůstávat nějakým, být někomu něčím: Stal se lékařem. Záhadou zůstává, proč nám neodpověděli.

151

Das **Adjektiv** als nominales Prädikat steht immer im Nominativ. Es kongruiert mit dem Subjekt in Genus und Numerus: Otec je rozčílený. Moře je klidné.

Das **Pronomen** als nominales Prädikat kommt meistens in Verbindung mit dem Demonstrativpronomen als Subjekt vor: Ta tužka je moje. To je ono!

Das **Adverb** als nominales Prädikat:
77 – Prädikativa

je/není { nutno/nutné (nötig, notwendig) / třeba (nötig, notwendig) / zapotřebí (nötig, notwendig) / lze/nelze (möglich) }   je/není { možno/možné (möglich) / radno (ratsam) / záhodno (angebracht) }

Die Prädikativa erfüllen gleiche Funktionen wie Modalverben, werden aber, wie im Deutschen, immer unpersönlich gebraucht.

Das Subjekt der Prädikativa hat die Form des **Infinitivs**:
Není nutno se rozčilovat. Není radno se ho ptát. Je třeba se rozhodnout. Nelze nevidět problémy.

Das Verb být ist im Präsens elliptisch:
– immer bei **lze**, **nelze** (= es ist möglich/nicht möglich)
– in festen Wendungen bei možno und nutno: Možno říci, ... (Man kann sagen, ...) Nutno podotknout, ... (es müßte angemerkt werden, ...).

Das Prädikativum lze, nelze ist buchsprachlich und wird vorweigend im Präsens gebraucht.

– Zustandsadverbien, z. B.: Je tu hezky. Je tu zima. Je tu příjemně. Je tu tma.

Wenn ein Subjekt direkt betroffen ist, steht es im Dativ (➚ 18), z. B.:
Je mi zima. Je nám hezky. Je vám chladno? Je mu skvěle.

Das Objekt

Als Objekt treten auf:
– ein Substantiv, z. B.: slyším zvonek
– ein Pronomen, z. B.: vidím tě
– ein Verb im Infinitiv, z. B.: slyším ho zpívat
Substantiv und Pronomen stehen in dem vom Verb oder von der zum Verb gehörenden Präposition verlangten Kasus.

Die Rektion des Verbs und die mit den Verben verbundenen Präpositionen stimmen im Deutschen und im Tschechischen nicht immer überein (vgl. S. 133–141), z. B.:

ptát se + Genitiv   fragen + Akkusativ
poslouchat + Akkusativ zuhören + Dativ
rozumět + Dativ   verstehen + Akkusativ
telefonovat + Dativ   anrufen + Akkusativ
zúčastnit se + Genitiv teilnehmen an + Dativ

Das Attribut

Es werden unterschieden: das kongruierende und das nichtkongruierende Attribut. Als kongruierendes Attribut tritt meistens ein Adjektiv, oder auch ein Pronomen oder Numerale, im Falle der Apposition ein Substantiv auf.
Als nichtkongruierendes Attribut tritt vor allem ein Substantiv oder Infinitiv auf.

78 Das **kongruierende** Attribut stimmt mit dem zu ihm gehörenden Substantiv in Kasus, Numerus und Genus überein, z. B.:

rychlá jízda, moderní tramvaj, spěchající lidé, bratrova manželka, můj bratr

In expressiven attributiven Verbindungen mit den Maskulina wie z.B.: Chudák ubohý! nimmt das Attribut manchmal die Form des Femininums an. Es besteht dann keine Kongruenz im Genus: Chudák ubohá! Člověče nešťastná! Kluk jeden pitomá!

Das Adjektiv als kongruierendes Attribut steht meistens vor dem Substantiv, z. B.:

prostorná místnost, nepochopitelné názory

Das kongruierende Attribut wird dem Substantiv nachgestellt:
– in der Regel, (häufig) in der Terminologie, z. B.: kočka divoká, kysličník uhličitý
– parallel zur Voranstellung:
- bei einer Hervorhebung der Attribute, besonders dann, wenn sie mehrfach oder erweitert sind, z. B.: Je to názor zajímavý, ale vědecky neudržitelný. (Es ist eine interessante Ansicht, wissenschaftlich jedoch unhaltbar).
- als stilistisches Mittel, z. B.: Platí to jak pro naše století, tak i pro staletí minulá. Případy se vyskytly jak ve vyšších třídách, tak i v třídach nižších.
- *umgangssprachlich, expressiv, z.B.: Je to holka neposlušná!*

Das Pronomen und das Numerale als kongruierendes Attribut werden immer vorangestellt, z. B.:

nějací lidé, takové názory, tito lidé, žádné výmluvy, pět rohlíků

Das kongruierende Attribut, ausgedrückt durch ein Substantiv, ist eine **Apposition**, z. B.:

krejčí Liška

Beide Formen kongruieren in Kasus, Numerus und Genus:

s krejčím Liškou, bez krejčího Lišky

Das **nichtkongruierende** Attribut steht in einem, vom Substantiv unabhängigen Kasus, z. B.:

koruna stromu, kniha o památkách Prahy, holčička s míčem

oder in dem von diesem Substantiv regierten Kasus:

zájem o film, opojení kouzlem, změna zákona

Das nichtkongruierende Attribut ist immer dem determinierten Wort nachgestellt, z. B.:

světla velkoměsta, šaty s puntíky.

Die adverbialen Bestimmungen

Die adverbialen Bestimmungen drücken vielfältige Beziehungen und Umstände aus. Sie werden gebildet durch:
- Adverbien (lokale, temporale, kausale ...)
- einfache und präpositionale Kasus des Substantivs.

Adverbiale Bestimmungen erweitern als freie (d. h. nicht kongruierende oder eine Rektion befolgende) Ergänzungen meistens Verben (verbale Handlungen), aber auch Adjektive oder Adverbien.

Ausgewählte adverbiale Bestimmungen und ihre syntaktische Mittel:

	Adverbien	präpositionale Kasus	einfache Kasus
temporal	Dnes odjel. Často si vzpomene. teď nemám čas	v poledne za tmy po neděli	I. chvílemi se zastavoval. A. dlouhou dobu nepsal očekáváme ho každou minutu
lokal	tady se nekouří šel dozadu leží nahoře	běhá okolo stolu plave v řece jde do lesa	I. projděte chodbou jdeme lesem vlezl tam oknem
modal	jel příliš rychle vypiji to vestoje jde pozpátku	pracuje až do vyčerpání díval se na mne s úsměvem jezdí podle předpisů	I. skončilo to neúspěchem den začal nepříjemností úlohu vyřešíme pomocí jednoduché úvahy
kausal	proto se tě ptám už jsem tam totiž byl přece to vidím	pro nemoc zavřeno ptal se ze zvědavosti nekoná se kvůli špatnému počasí	I. stalo se to neopatrností zavinil to nedbalostí zrudnul zlostí

Das prädikative Attribut (doplněk)

ist eine besondere Art der Erweiterung des Verbs durch ein Adjektiv oder ein Substantiv. Diese bezieht sich ihrem Sinn nach sowohl auf das Verb (verbale Handlung) als auch auf den Träger oder den Betroffenen dieser Handlung, ein Substantiv oder Pronomen. Mit letzteren kongruiert das prädikative Attribut in Genus, Numerus und Kasus.
Das prädikative Attribut kommt vor insbesondere:
- in Verbindungen mit einigen Verben, z. B.:

vylíčit, znát + jako + Akkusativ; jevit se + jako + Nominativ

Znal ho jako výborného tanečníka. (Er kannte ihn als einen ausgezeichneten Tänzer.) Jeví se mi jako příliš přísný šéf. (Er erscheint mir als ein zu strenger Chef.)

považovat, označit, pokládat, zvolit + za + Akkusativ

Považuji ji za nadanou. (Ich halte sie für begabt.) Mají ho za blázna. (Sie halten ihn für verrückt.) Petra zvolili za předsedu/předsedou. (Peter hat man zum Vorsitzenden gewählt.)

– in Verbverbindungen mit einem Adjektiv oder Partizip, z. B.:
Přišel zpět nemocen/ nemocný. (Er kam krank zurück.)
Děvčata tancovala bosa. (Die Mädchen tanzten barfuß.)
Přišel z divadla pln dojmů. (Er kam aus dem Theater voller Eindrücke.)
Našli jsme je ležet zaprášené v koutě. (*Wir haben sie gefunden, verstaubt in der Ecke liegen.)
Viděli jsme ho spokojeného sedět u stolu. (*Wir haben ihn gesehen, zufrieden am Tisch zu sitzen.)
Pozoroval ho zářícího nadšením. (Er hat ihn beobachtet, wie er vor Begeisterung strahlt.)
Mám prádlo pověšené v zahradě. (Ich habe die Wäsche im Garten hängen.)
Mám práci rozloženou na stole. (Ich habe die Arbeit auf dem Tisch [ausgebreitet] liegen.)

Der zusammengesetzte Satz

Der zusammengesetzte Satz besteht aus zwei oder mehreren Sätzen. Es gibt:
– **Satzverbindungen**, d. h. Verbindungen zweier oder mehrerer nebengeordneter gleichwertiger Sätze und

– **Satzgefüge**, d. h. Verbindungen zweier oder mehrerer Hauptsätze und der ihnen untergeordneten Nebensätze, die
- ein Satzglied des Hauptsatzes erweitern, z. B.: Jeli jsme tam, kam jezdíme každoročně.
- sich auf die gesamte Aussage des Haupzsatzes beziehen, z.B.: Fotbalisté vyhráli, což každého příjemně překvapilo.
- eine Satzgliedstelle des Hauptsatzes ausfüllen, z. B.: Kdo se bojí, nesmí do lesa.

Die Beziehungen zwischen den Sätzen werden gekennzeichnet mit Hilfe von:
– Konjunktionen, z. B.: Pan Vaníček brzy odešel, **protože** byl unaven.

– Pronomen, z. B.: Ptal se, **kdo** přišel. Byl to spisovatel, **o kterém** jsme včera četli v novinách.

– Relativpronomen oder -adverbien, die einem deiktischen Pronomen oder Adverb im Hauptsatz korrespondieren: to – co, ti – kdo(ž), ten – který, tam – kam, tam – odkud, tehdy – kdy, tolik – kolik, z. B.: Pojedeme **tam, kam** jsme chtěli jet už minulý týden. Vzal si jich **tolik, kolik** potřeboval. Stalo se to **tehdy, kdy** to nečekal.

– Adverbien, wie: totiž, stejně, jak, z. B.: Přemýšlel, **jak** se jim odvděčit. Nečti to, **stejně** tomu nerozumíš. Nepůjdu s vámi, ten film jsem **totiž** už viděl.

– Partizipien, z. B.: Lidé, **bydlící** na vesnici, chtějí mít stejný komfort jako lidé z města. Ukázal mu seznam knih, **vydaných** v březnu.
– dem Infinitiv, z. B.: **Mít** čas, tak tam jedu. (Wenn ich Zeit hätte, würde ich hinfahren). Já se **nezeptat**, tak se nic nedozvím. (Wenn ich nicht fragen würde, erfahre ich nichts).

Manchmal werden Sätze ohne die genannten Mittel aneinandergefügt, z. B.:
Pojď dovnitř, nastydneš se. Nepij to ještě, je to moc horké.

Die Satzverbindung

Zwischen den Sätzen einer Satzverbindung bestehen Beziehungen, die in der Regel mit Hilfe von koordinierenden **Konjunktionen** signalisiert werden. Es werden folgende Beziehungen unterschieden:

– kopulative (anreihende)   a, i, také, i – i, ani – ani, jak – tak, jednak – jednak

Procházel se po ulici **a** pozoroval kolemjdoucí. Prošel ulicí, pak přešel náměstí **a** odbočil doprava. **Ani** nenapsali, **ani** nezatelefonovali.

– explikative (erklärende)   a sice; a to; to je(st); to

Pracuje v Plzni, **a sice** v pivovaře. Bylo slyšet klapnout dveře, **to** se tatínek vracel z práce domů.

– adversative (entgegensetzende)   ale, avšak, jen(om)že, sice, kdežto, zatímco

Chtěl bych jít ven, **ale** mám moc práce. Je **sice** ještě velmi mladý, **ale** v téhle práci se vyzná. Můžeme tam zajít, **jenže** asi nebudou doma.
ale und **zato** haben die Bedeutung einer Einräumung (oft in Verbindung mit „sice")
Je **sice** pekař, **ale** velmi špatný.

– disjunktive (ausschließende)   nebo, či, buď – anebo; ať už

Budete si chtít trochu odpočinout **nebo** se chcete jít projít? **Buď** si vezmu pivo **anebo** limonádu. Pro jistotu si to zapíšu, **ať už** to budu potřebovat **nebo** ne.

– gradative (Steigerung)   nejen – ale i; nejen – nýbrž i; dokonce; natož

Nemohl se **ani** hýbat, **natož** tancovat. (Er konnte sich nicht einmal rühren, geschweige denn tanzen.) On nás **nejen** zklamal, **ale dokonce** i podvedl. (Er hat uns nicht nur enttäuscht, mehr noch, er hat uns betrogen.)

– konsekutive (Folge)   a proto; tudíž; pročež; a tak; takže; tím pádem

Nedovedl si to vysvětlit, **a tak** se šel zeptat. Nemohu to stačit, **a proto** pojedu až příštím vlakem. (Ich kann es nicht schaffen, deswegen fahre ich erst mit dem nächsten Zug.) Tramvaj nejela, **tudíž** jsme museli jít pěšky. (Die Straßenbahn kam nicht, deswegen mußten wir zu Fuß gehen). Pršelo, **takže** se nedalo pracovat v zahradě.

- kausale   vždyť, neboť, přece, totiž, stejně

Zná to město dobře, byl tu **totiž** už několikrát. (Er kennt die Stadt gut, er war hier nämlich bereits mehrere Male). Nedělej to, **vždyť** to neumíš. Neříkej mu nic, **přece** ho nechceš rozzlobit.

Das Satzgefüge

Das Satzgefüge besteht aus einem oder mehreren Hauptsätzen (im weiteren HS) und einem oder mehreren von ihnen abhängigen Nebensätzen (im weiteren NS).
Arten der Nebensätze:

Subjektsätze   kdo; ten, kdo

Kdo jinému jámu kopá, sám do ní padá. (Wer andern eine Grube gräbt, fällt selber hinein. [Sprichwort])

Prädikatsätze   jako (by), jaký – takový

Jaký pán, **takový** krám. (Wie der Herr, so das Geschärr. [Sprichwort])

Objektsätze
Aussagesätze

že   (nach Verben außer den Verben des Wollens) Řekl, **že** přijde.
aby   (nur nach den Verben des Wollens) Přeji si, **aby** přišel.

79 **indirekte Fragesätze**
- Entscheidungsfragen

    jestli, zda(li)   Nevím, **zdali** přijde. Zeptej se, **jestli** chce čaj.

- Ergänzungsfragen

    kdy, kdo, co, jak   Zeptám se, **co** potřebují. Nevíš, **kolik** to stojí?

80 **indirekte Aufforderungssätze**

    aby + Partizip Perfekt Aktiv   Řekni, **aby** přišel!

    ať + Futur vollendeter Verben   Řekni, **ať** přijde!

    ať + Präsens unvollendeter Verben Řekni mu, **ať** nemluví tak nahlas!

81 **Attribut- und Relativsätze**
- das Bezugswort des HS ist das **Subjekt** des NS

    který, jaký, ten, který jenž, jež   Das Pronomen steht immer im Nominativ.

Zatelefonovali panu Vaňkovi, **který** pracuje v muzeu. Básník, **jenž** se nám představil již před léty, překvapil novou sbírkou.

Partizipien Präsens Aktiv/Passiv und Perfekt Aktiv/Passiv
kongruieren mit dem Bezugswort im Kasus: Zatelefonovali panu Vaňkovi, **pracujícímu** v muzeu. Nájemníky, **bydlící** v tomto domě, ubytovali v hotelu.

- das Bezugswort des HS ist das Objekt des NS

  který, jaký, ten, který, jenž, jež

  das Pronomen richtet sich nach der Rektion des Verbs bzw. der Präposition: Zatelefonoval panu Vaňkovi, o kterém včera mluvil. Dirigent, jehož jsme poznali loni v létě, přijede do Brna. (↗ **37, 41, 42**)

- das Subjekt/Objekt des NS steht im **possessiven** Verhältnis zum Bezugswort des HS

  jehož, jejíž, jejichž

  jehož [undekliniert], jejíž [dekliniert], jejichž [undekliniert] (deren, dessen)
  To je to město, **jehož** světla už jsme zdálky viděli. Režisér, **jehož** dva nové filmy jsme shlédli na festivalu, navštíví Prahu. (↗ **37, 41, 42**)

- der NS bezieht sich auf die Gesamtaussage des HS

  což   Čeští fotbalisté zvítězili, **což** každého potěšilo. (↗ **42**)

Die Adverbialsätze

Lokalsätze   kde, odkud, kudy, kam, tam, tudy

Jdi tam, **odkud** jsi přišel. Nemusíme jet tudy, **kudy** jsme jeli minule.

82 Temporalsätze
- **Gleichzeitigkeit** der Geschehen des HS und NS im **Perfekt**

  když + unvollendeter Aspekt des Verbs

  Když telefonoval na poštu, už tam nikdo nebyl. **Když** zavíral dveře, zazvonil telefon.

- **Vorzeitigkeit** des Geschehens des NS vor dem Geschehen des HS im **Perfekt**

  když + vollendeter Aspekt des Verbs

  Když se konečně rozhodl, už to bylo vyprodáno. **Když** nakoupil, šel rovnou domů.

- **Gleichzeitigkeit** der Geschehen des HS und NS im **Präsens**

  když + unvollendeter Aspekt

  Když si čtu, nechci být rušen. Když se s tebou bavím, nemohu si číst.

- **Gleichzeitigkeit** der Geschehen der HS und NS im **Futur**

  až+ unvollendeter Aspekt

Až budeš opravovat auto, pomůžu ti. (Wenn du das Auto reparieren wirst, helfe ich dir.)

- **Vorzeitigkeit** des Geschehens des NS vor dem Geschehen des HS im **Futur**

  až + vollendeter Aspekt

Až to dopíšu, půjdu na procházku.

- Geschehen des HS **direkt nach** dem Geschehen des NS im Perfekt oder Futur

  jakmile; hned jak; jak; hned co + vollendeter Aspekt

Jakmile se to dozvím, zavolám ti. **Hned jak** to budu mít hotové, tak to zkusíme.

- Geschehen des NS trifft sich zeitlich **mit** dem Geschehen des HS

  zrovna když/jak, právě – když, právě když + unvollendeter Aspekt

Zrovna když se chystal odejít, zvonil telefon. **Když** jsem odcházel, právě vstával.

- Geschehen des NS **nach** dem Geschehen des HS im Perfekt oder Futur

  než + vollendeter Aspekt

Než odejdeš, zhasni všude světlo. **Než** odešel, všechno zkontroloval.

- Geschehen des NS **vor** dem Geschehen des HS im Perfekt oder Futur

  potom, co; až když+ vollendeter Aspekt

Potom, co všechno zkontroloval, odešel. **Až když** všechno zkontroloval, odešel.

- Geschehen **während** eines anderen Geschehens im Präsens, Perfekt, Futur

  zatímco + unvollendeter Aspekt

Zatímco se díval na televizi, vykradli mu byt.

Modalsätze
- Art und Weise   tak; tak, že; tím, že

Mluvil **tak, že** mu nebylo rozumět. **Jak** si ustelaš, **tak** si lehneš.

- Ersatz   místo, aby (statt zu)

Místo, aby se soustředil na práci, díval se jenom pořád z okna.

- fehlender, vermißter Umstand   aniž by (ohne daß), a ani (nicht einmal)

Odešel, **aniž by** pozdravil. Odešel **a ani** se neotočil.

- Einräumung   tak dalece, jak; pokud (sofern wie, soweit wie)

Tak dalece, jak jsem informován, se mají zítra sejít. **Pokud** vím, mají se zítra sejít.

- Effekt einer Handlung   až, až do (bis, so daß) tak, že; tolik , že; jen

Smál se, **až** mu tekly slzy. Pracovali, **jen** se z nich kouřilo. Běžel tak rychle, **až** se zadýchal.

- Vergleich   jakoby; jako (als ob, als wenn)

Dělá, **jakoby** nás neviděl. Dělá, **že** nás nevidí. Dělá, **jako že** to nevěděl.

83
- proportionale Beziehung   čím – tím (je – desto, je – umso) +Komparativ

Čím více se snažíš, **tím** je to horší.

- Hinsicht   co se týče, co do, pokud se týká, na to, že (dafür, daß)

Na to, že je doktorka, píše ještě docela čitelně.

- Hervorhebung

už to, že; tím spíše, že (bereits das, daß), ani to, že (selbst das, daß)

Už to, že tam šel, je podezřelé. **To samo už**, že se snaží, mne přesvědčuje.

Kausalsätze   protože, poněvadž, jelikož, neboť

neboť (buchsprachlich und etwas veraltet)
Na tu přednášku nepůjdu, **protože** mne to téma nezajímá. **Jelikož** jsem ho nepotkal, nemohl jsem mu to vyřídit.

Finalsätze   aby + Partizip Perfekt Aktiv (damit, um - zu)

Budeme se snažit, **aby** se u nás cítil dobře.

84 Konditionalsätze   jestliže, když, kdyby, -li, ledaže by   Infinitiv

Když nebude pršet, budeme opravovat střechu. **Kdyby** pršelo, zůstanu doma. Neodevzdáte**-li** žádost do 30. 8., nebudeme moci Vaši záležitost zpracovat. Nepojedu tam, **ledaže** bys jel se mnou. **Mít** čas, tak tam jedu.

85 Konzessivsätze

ačkoli, přestože, vzdor tomu, že (trotzdem)

Konstruktionen mit Indefinitpronomen, z.B.: **ať jakkoli**; **ať jak chce** (wie auch immer, was auch immer)
Přestože se snažil, nepodařilo se mu to. **Ačkoli** bydlí daleko od města, nestěžuje si. **Vzdor tomu**, že nic nechápe, do všeho se plete. **Ať** se snažil **jakkoli**, rekord nepřekonal.